中國學術思想 研究輯刊

初 編

林 慶 彰 主編

第 1 冊

《初 編》總 目

編 輯 部 著

虞翻《易》學研究
——以卦變和旁通爲中心的展開

楊 淑 瓊 著

花木蘭文化出版社

國家圖書館出版品預行編目資料

虞翻《易》學研究——以卦變和旁通為中心的展開／楊淑瓊 著
— 初版 — 台北縣永和市：花木蘭文化出版社，2008〔民97〕

目 2+142 面；19×26 公分（中國學術思想研究輯刊 初編：第 1 冊）

ISBN：978-986-6657-73-3（精裝）

1.（漢）虞翻　2.易經　3.學術思想　4.研究考訂

121.17　　　　　　　　　　　　　　　　　　97016037

ISBN - 978-986-6657-73-3

9 789866 657733

中國學術思想研究輯刊
初 編 第 一 冊　　　　　　　　ISBN：978-986-6657-73-3

虞翻《易》學研究——以卦變和旁通爲中心的展開

作　　者　楊淑瓊
主　　編　林慶彰
總 編 輯　杜潔祥
出　　版　花木蘭文化出版社
發 行 所　花木蘭文化出版社
發 行 人　高小娟
聯絡地址　台北縣永和市中正路五九五號七樓之三
　　　　　電話：02-2923-1455／傳眞：02-2923-1452
網　　址　http://www.huamulan.tw 信箱 sut81518@ms59.hinet.net
印　　刷　普羅文化出版廣告事業
封面設計　劉開工作室
初　　版　2008 年 9 月
定　　價　初編 28 冊（精裝）新台幣 46,000 元　　　版權所有・請勿翻印

《初 編》總 目

編輯部　著

中國學術思想研究輯刊　總序

林　慶　彰

「學術思想」一詞，大概出現於清末民初，要知道它的源流，必須先從「學術」談起。最早用到「學術」一詞的是《史記》卷七十〈張儀列傳〉：「學術，蘇秦自以不及張儀。」這裡的「學術」，應指學問來說的。往後，「學術」一詞使用漸多。在「學術」一詞之後，又加「思想」二字，成「學術思想」一詞，已是晚清民國初年的事。《清史稿》就用了「學術思想」一詞兩次，梁啓超的著作《中國學術思想變遷之大勢》，用的正是「學術思想」。其後，「學術思想」一詞逐漸流行，如曹聚仁有《中國學術思想史隨筆》，錢穆將其學術論文結集成《中國學術思想論叢》。何謂「學術思想」？恐怕有點像《宋史》中分〈儒林傳〉和〈道學傳〉，〈儒林傳〉收經師的傳記，〈道學傳〉收思想家的傳記。如果說，「學術」是指跟經學有關的學問，思想是指跟哲學思想有關的學問，也許與事實較爲相合。本輯刊所謂的「學術思想」，指的大抵是經學和哲學思想方面的學問。

周初已有《詩》、《書》、《易》三書，《詩》、《書》已做爲貴族子弟的教材，至春秋時代，孔子整理這些文獻，並教導學生，開啓了研究《詩》、《書》文獻的端緒。也奠定經部文獻的基礎。後來，經的總數逐漸增加，達到十三種之多。從春秋時代起，諸子分爭出頭，即所謂百家爭鳴的時代。這些，莊子〈天下〉篇、荀子〈非十二子〉篇都有分析批評，但並未爲它們分家派。漢初司馬談作〈論六家要旨〉，才有家派之分。班固作《漢書·藝文志》時，採劉歆《七略》，分〈六藝略〉、〈諸子略〉〈詩賦略〉、〈兵書略〉、〈術數略〉、〈方技略〉，基本上反映了先秦以來學術發展的方向。可是，漢以後史學之書日漸增多，兵書、術數、方技三略逐漸萎縮。《隋書·經籍志》的經、史、子、集

四部分類法（另加釋、道），將中國學術分類固定下來。歷代經學文獻數量有多少，只要看朱彝尊的《經義考》，就可略知一二。子部文獻內容比較龐雜，從先秦思想到民國思想是子部的重要內涵。各朝各代所累積的思想文獻，數量相當龐大。佛教和道教中有關思想的文獻有多少，翻閱《大藏經》和《道藏》，就知道體系複雜。這些學術思想的文獻亟待有人來整理和研究，這種大責重任免不了要落在研究中國學的專家身上。

　　自 1956 年臺灣師範大學成立國文研究所碩士班以來，臺灣大學、政治大學、文化大學、東吳大學，也緊接著設立碩博士班，迄今，幾乎每一所綜合性的大學都有中文碩博士班。回顧這五十年間，有關中國學的論文已有數千篇，不論是經學、哲學思想，或文學，大都有相當高的參考價值。雖是如此，由於臺灣的出版市場太過狹窄，除早年嘉新水泥文化基金會補助出版數十種外，能出版的相當有限。這對作者和讀者來說，是相當遺憾的事。也因爲坊間見不到這些論文，所以不少研究生以爲某論題尚未有人做過，即貿然著手研究，後來才知論題重複，但畢業在即，大多已來不及補救。

　　杜潔祥先生爲臺灣資深的學術出版工作者，他出版的每一套書都經過市場分析，確定學術界有需求才著手編輯，早年主編《中國佛寺史志彙刊》（台北市：明文書局，1980 年）、《道教文獻》（台北市：丹青圖書公司，1983 年），頗受學界重視。在佛光大學任教期間，又爲該校主編《當代台灣佛教期刊論文目錄》（宜蘭縣：佛光人文社會學院，2001 年 6 月），正好彌補佛學界編輯論文目錄的不足。近年有感於學界利用學位論文相當不方便，遂決心逐一邀請作者授權，把優秀的學位論文陸續出版，目前已出版《古典文獻研究輯刊》七編，收論文 194 種，分裝 200 冊，《古典詩歌研究彙刊》四輯，收論文 68 種，分裝 80 冊。接著出版《中國學術思想研究輯刊》。這三套叢書的出版，個人以爲至少有以下數點意義：

（一）對作者來說

　　1. 國內外各大學的碩士論文，學生所屬的系所和學校圖書館大多不收藏，中國大陸雖可透過「中國期刊網」下載部分論文內容，但擁有該資料庫的並不多。至於博士學位論文，各系所和圖書館雖有收藏，但大多沒出版。臺灣的學位論文收入本叢書以後，一夕間，化身千萬，也流傳到海內外各地，作者之觀點也在很短的時間內廣爲人知，這對一位學術界的新秀來說，是最

感欣慰的事。

　　2. 寫作論文有師友可相切磋最為理想，如果沒有，也可參考相同主題或同類型的著作，例如同是研究《四書滙益解》和姚際恆《詩經通論》的著作就有多篇，如能把他人的論文蒐集來作比較，就可以看出自己的長短處，可作為以後寫作其他論文時改進的參考。

（二）對學術界來說

　　1. 以前要利用這些學位論文，往往透過親友、學生向原畢業學校系所或圖書館借閱，有了學位論文資料庫，又牽涉到授權問題，本叢書陸續將這些學位論文出版，給學者相當的方便，也節省不少搜集資料的時間。

　　2. 以前國內的學位論文出版很少，中國大陸又還沒有電子資料庫，兩岸的研究成果所知甚少。透過叢書所收的論文，可以相互比較研究方向的異同，和研究成果的優劣。如中國大陸各大學的外語專業，有不少研究中國經典外譯和國外漢學的論文，香港各大學中國文學系的學位論文，也有不少研究國外漢學的論文，臺灣各大學中國文學系，對這個領域的研究，顯然有待加強。

　　3. 以前研究生要尋找研究論題時，因坊間見不到相同論題的著作，遂以為該論題尚未有人研究，也就著手進行，後來才知已有人研究。現在由於這些學位論文的出版，也可避免論題重複。甚至要評估前人的研究成果時，很快就可以找到所需的論文資料。

　　《中國學術思想研究輯刊》擬分數編出版，《初編》收易學研究 5 種，尚書研究 1 種，詩經學研究 3 種，禮學研究 3 種，春秋學研究 2 種，左傳學研究 2 種，公羊學研究 2 種，穀梁學研究 1 種，論語學研究 1 種，學庸研究 1 種，讖緯學研究 3 種，經學史研究 4 種，合計 28 種，分裝 28 冊；《二編》收綜論 5 種，先秦民間信仰與思想研究 2 種，法家思想研究 1 種，黃老思想研究 2 種，漢代學術思想研究 3 種，魏晉南北朝學術思想研究 5 種，宋代學術思想研究 2 種，明代學術思想研究 3 種，清代學術思想研究 3 種，中國佛教、道教思想研究 5 種，合計 29 種，分裝 28 冊。

　　這兩編所收的論文至少反映幾個特點：其一，兼顧各領域的論文。《初編》基本上屬於經學研究的論文，不但兼顧各經論文的平衡，也收經學史的著作。《二編》基本上是哲學思想的論文，從先秦至清代，每個朝代皆有論文。接著是研究佛、道思想的論文五篇，可說儒、釋、道兼顧。其二，多收專家研

究的論文。各朝代學術專門家的研究是學術深化的一種表現，唯有把一個個專門家串連成一個面，才能徹底瞭解各個時代學術思想發展的面貌。收入這兩編的論文大多是歷代經學家和思想家的專門研究，反映了臺灣各大學學位論文的學術水平。

編輯和出版這些學位論文既有如此多的意義，希望有更多的作者瞭解我們出版這些著作的用心，一齊來共襄盛舉。

2008 年 9 月林慶彰序於中央研究院中國文哲研究所 501 室

《中國學術思想研究輯刊》初編　書目

《中國學術思想研究輯刊》初編
各書作者簡介·提要·目錄

第 一 冊　虞翻《易》學研究——以卦變和旁通為中心的展開

作者簡介

楊淑瓊，台灣台中人，生於 1976 年。

曾就讀於私立明道高級中學國中部、台灣省立台中女子高級中學，後畢業於國立中興大學中國文學系，並取得中國文學研究所碩士學位；現肄業於中國文學研究所博士班，致力於易學與春秋學之研究。

目前擔任中國醫藥大學通識教育中心兼任講師，曾開設「漫話易經」、「老子選讀」、「中國文化名篇選讀」、「先秦散文」、「應用文」等課程。著有〈《東坡易傳》中的性命之說〉、〈馬一浮《易》學觀略論—以〈觀象言〉為核心之探討〉等與易學相關之學術論文。

提　要

本文是針對虞翻《易》學內容的兩個重點，即以「卦變」和「旁通」為主，進一步探討虞氏解《易》之觀念與方法，並嘗試採取比較正面肯定之態度，為虞翻解卦之內容與方法，尋求一合理化的解釋。

本篇論文共分為七章，首章為「緒言」，第二章是有關「虞翻之生平與著作」，虞翻之生平經歷，大致可概括為「苦學」、「軍旅」、「罪放」三個時期，

而其生卒年應以西元 170～239 年一說較爲可信；著作方面，在《周易注》之外，虞翻雖尚有多種著作，但僅有《周易注》因著唐代李鼎祚《周易集解》之徵引，才得到較完整的保存。第三章分別從「學派之繼承」與「學說之吸取」兩個部分來探討「虞翻《易》學思想淵源」，說明虞氏《易》學的形成，主要是站在孟氏派之立場，融合各家說法的成果。

第四章探討「虞翻《易》學中之卦變問題」，指出虞氏談卦變之主要目的，除了將六十四卦視爲一開放動態之系統外，尚試圖在不違背《易》辭之原則下，尋出各卦之所從來；由此，筆者並發現虞翻解《易》是配合著反對卦。第五章討論「虞翻《易》學中之旁通問題」，點出在虞氏《易》學中，旁通有「相應」與「生卦」兩個作用，而生卦之法又有「互易法」及「遞變法」兩種。

在第四、五章之基礎上，第六章接著探討「虞翻解《易》之觀念與方法」，說明虞翻以「明象爲本」和「變易爲常」之觀念爲主，並歸納其具體解卦之方法約有三點，分別爲：1. 以卦變或旁通確立卦之縱橫關係。2. 運用互體闡明本卦與他卦之聯繫。3. 以既濟爲各卦之理想目標。第七章「結論」則是本篇論文之重點整理，歸結虞翻「以卦變爲經，以旁通爲緯，以互體爲中介，以既濟爲依歸」解卦之特點，指出虞氏《易》學之主旨，並說明本篇論文尚未釐清之問題。

目　次

第 二 冊：《焦氏易林》易學研究

作者簡介

　　喬家駿，屏東市人，國立高雄師範大學文學碩士，目前就讀於國立高雄師範大學國文研究所博士班，同時現職為高雄師範大學國文學系助教。研究領域為漢代易學與思想。著有〈《焦氏易林》作者辨略〉、〈《焦氏易林》陰陽觀探析〉、〈淺論董仲舒三統說——以《春秋繁露‧三代改制文》為探討中心〉、〈論董仲舒人性論要旨及其對孔、孟、荀人性論之轉化〉、〈《管子》一書開展之養生思想探析〉、〈河圖洛書要旨試探〉、〈論揚雄《法言》之處世哲學〉、〈我行我素，特立獨行——陽虎其人其事及其評價新探〉、〈試探《古詩十九首》模糊之美〉、〈談孔子思想之「中和之美」〉、〈淺論《滄浪詩話》「興趣」之義涵與形成〉、〈淺論席慕蓉「詩話一體」的詩歌特色〉等十餘篇思想及文學方面之論文。

提　要

　　《焦氏易林》一書以其獨特之體例，於史上之易學領域中自創一格，更是象數與逸象之集大成者。此書因其特殊之性質與內容，而在歷史主流之經、史、

子、集的書籍分類方法下無法建立明確之地位，導致此書於千百年以來湮沒於歷史洪流之中，乏人問津，不被重視，故此書之要義與其歷史地位自然無法彰顯。而本論文將探討《焦氏易林》之易學特色、體例、方法與影響，企圖闡明此書不爲人知之奧義與價值。本篇論义共計六章，首章緒論，講述研究動機與目的，並對相關研究資料作一現況之介紹與分析。第二章探討《易林》之作者與成書背景；欲窺《焦氏易林》之精華與價值，必需先從此書作者及成書背景著手，若是無法確定此書是位處於何時及其時代風氣與學術環境，也就無從談起此書在易學上與歷史中的貢獻；第三章剖析《焦氏易林》一書之特殊體例與特色；第四章將此書主要內容——解釋四千零九十六首林辭之方法加以分類與說明，進一步了解此書所蘊含之易學象數條例；第五章茲將《焦氏易林》豐富之逸象加以分析與說明；第六章則將此書獨到之處與易學上之價值與影響力，以客觀中肯之角度，予以總評。

目　次

第 三 冊　孔穎達《周易正義》研究

作者簡介

　　龔鵬程，祖籍江西省吉安，一九五六年生於台北市，國立台灣師範大學國

文研究所博士。歷任淡江、中正大學等校教職，創辦國際佛學研究中心、中華
道教學院、南華大學、佛光大學、國文天地月刊、歐亞大學等。著作宏富，於
人文及社會學科咸有造述，專著八十餘種。

提　要

　　本書凡五章，第一章就漢魏南北朝學風與《易》學的發展，看孔穎達《周
易正義》的學術淵源。第二章論唐初編纂《五經正義》的學術原因與政治作用。
第三章談《五經正義》中《周易正義》的編撰狀況，除詳細說明其體裁與內容
外，也討論它採用王弼注的原因，分析它與王弼注的關係。對它吸收南北朝各
家注解的情形，和本身的義例也均有所闡明。第四章論《周易正義》的象數學。
一般僅知此書依王弼注作疏，不知它對漢儒象數之學仍多採擇，本章即說明此
點。第五章討論《周易正義》的義理結構，分別講明其本體論、宇宙論、人性
論、治化論各部分。尤其著重點出它與宋明理學和佛學的關係。故本書不只是
對《周易正義》的研究，更欲以分析此書爲線索，通貫地解釋漢魏南北朝以迄
宋明的學術思想史，爲思想史研究打開一個新視野。

目　次

第 四 冊　焦循《雕菰樓易學》研究

作者簡介

　　賴貴三（1962－），字屯如，臺灣屏東人。習業於臺南一中、高雄中山大學外文系、臺灣師大國文系所，獲文學博士學位，今為臺灣師大國文系教授，兼國際漢學研究所籌備主任、續接所長。行宗儒道，學探經史，專長《易》學、中國哲學、經學與文獻學。出版《潁川堂賴氏歷代族譜考述》、《焦循年譜新編》、《焦循雕菰樓易學研究》、《昭代經師手簡箋釋》、《焦循手批十三經註疏研究》，並主編《春風煦學集——黃慶萱教授七秩華誕受業論集》與《臺灣易學史》等。

提　要

　　焦循（1763-1820）里堂先生為清朝乾隆、嘉慶之際，繼戴震（1723-1777）東原先生之後，學術上第一流的人物，阮元（1764-1849）雲臺先生譽之為「通儒」，蓋有見於其博學通貫，無所不能，廣而能精。本論文乃就里堂一生學力、心血萃聚的《雕菰樓易學三書》，探討其全方位的學術成就。緒論以言其《易》學的淵源、歷程及其著作簡介；首章鳥瞰其《易》學體貌，為全書的通論。其下六章，分別就里堂《易》學中，所參悟而得的學思創獲，從經傳之實測、天算之成就與小學之造詣、道統之一貫各面向，以闡析其「旁通（當位失道）、相錯（比例）、時行（變通）」的根本《易》例，並綜論其以數理解《易》、假借治《易》的奧蘊，終以道德哲學的匯歸，證成孔孟道統，可見其《易》義的究竟貞定。結論各節，以考察其《易》學的方法，綜述其《易》學的特色，並探討其《易》學的評價；如是，《雕菰樓易學》的全體大用，可得客觀的認識與相應的理解，其重因又重創的《易》學發明與系統，乃能確立其在《易》學哲學發展史中，允為通儒專業的時代名家與別裁特識的學術價值。

目　次

第五、六冊　清代《易》學八家研究

作者簡介

　　康全誠，臺灣省台南縣人，民國四十二年生。中國文化大學中文系、中國文學研究所碩士班、博士班畢業。曾兼任高雄海洋科技大學副教授，現爲遠東科技大學通識教育中心專任副教授，教授《易經》、台灣民俗文化、大一國文。著有《〈史記·五帝本紀〉輯證》等書。

提　要

　　全盛期至清末之漢《易》階段；前者可分象數《易》學及義理《易》學；後者則以樸學《易》爲主流。在清代《易》學家中，王夫之、毛奇齡、李光地、程廷祚、惠棟、張惠言、焦循、姚配中等八家，其《易》學思想，皆能承先啓後，領袖《易》學風氣，恢宏開創新局。本文旨在探討諸家之生平、著作，《易》學淵源、釋《易》方法、《易》學理論、《易》學基礎建構、特色、成就、識見，以彰顯諸家在《易》學史上之地位與價值。全文共分十二章：

　　第一章，緒論：說明研究動機，及研究方法與材料，作爲全書開展之基點。

　　第二章，清代以前之《易》學研究概況，文分五節，概述先秦、漢、魏晉隋唐、宋、元明之《易》學研究概況。

　　第三章，清代《易》學之發展及其特色，文分六節，清代易學概況，概述清代《易》學興盛發展之原因，以及順康雍、乾嘉、道咸以後等時期之《易》學概況，並分述清代《易》學之特色。

　　第四章，王夫之《易》學研究，文分五節，分別介紹王夫之之生平、著作、《易》學淵源、理論、特色，及釋《易》方法。特於王夫之《易》學思想中之「〈乾〉〈坤〉並建，錯綜往來，象理合一」明加詮釋。

　　第五章，毛奇齡《易》學研究，文分四節，分別介紹毛奇齡之生平、著作、《易》學淵源。並分析其推崇漢《易》、考辨〈河圖〉、〈洛書〉、考證〈太極圖〉源於佛家、道教等《易》學思想。

　　第六章，李光地《易》學研究，文分五節，分別介紹李光地之生平、著作、《易》學淵源、思想、識見。特於李光地釋《易》方法中之時、位、德、應、比、卦主詳加論述。

　　第七章，程廷祚《易》學研究，文分四節，分別介紹程廷祚之生平、著作、

《易》學淵源、識見。並分析其萬物相感、生生不已,動靜之理等《易》學思想。

第八章,惠棟《易》學研究,文分五節,分別介紹惠棟之生平、著作、《易》學淵源、理論,治《易》方法。特別於惠棟《易》學成就中之對漢《易》之恢復與保存、建立完整之樸學《易》加以探討。

第九章,張惠言《易》學研究,文分四節,分別介紹張惠言之生平、著作、《易》學淵源、思想。並詳述其以虞翻之《易》義治詞、梳理漢魏諸家學說、《周易》經傳文字之訓詁、考辨《易》圖、輯存漢魏《易》注等《易》學成就。

第十章,焦循《易》學研究,文分五節,分別介紹焦循之生平、著作、《易》學淵源、識見、治《易》方法,並詳加分析焦循《易》學基礎建構中之旁通、相錯、比例、時行等《易》例。

第十一章,姚配中《易》學研究,文分四節,分別介紹姚配中之生平、著作、《易》學淵源、思想,特別於姚配中《易》學特色之元為《易》之原,用七八九六之義,以與〈月令〉之五神、五蟲、五音、五味、五祀、五臟及干支十二律相比附等項,詳加闡述。

第十二章,結論,分論清代《易》學八家之異同、清代《易》學八家之價值、清代《易》學八家之影響等。

目　次

上　冊

第 七 冊　王莽之《尚書》學與行政

作者簡介

傅佩琍

民國五十一年出生於桃園縣觀音鄉白沙岬燈塔

現任　明新科技大學　人文社會與科學學院　人文藝術教學中心　講師

學歷與資格：

國立臺灣大學中國文學研究所碩士〔1988〕

天主教新竹社會服務中心同理心訓練合格講師〔1998〕

智邦藝術基金會/希望園區讀書會主辦　讀書會導引人培訓班結業〔2002〕

教育部第二梯次提昇大學基礎教育計畫分項計畫三中文讀書會規劃小組負責人〔2002/9-2003/8〕、規劃小組成員〔2003/9-2005/8〕

中華花藝文教基金會授證中華花藝　教授〔2004〕

專長與興趣：中國文學、同理心、自我探索、讀書會帶領、中華花藝

提　要

王莽早年勤身力學，謙恭下士，唯晚節委蛇，竟至篡漢，而爲後代史家所鄙，故古今論莽者，罕見虛心平意研究新朝政教，予以公正評價者。然莽執政二十三年期間，於學術貢獻甚爲可觀，以媲兩漢賢君所爲，並無遜色。而前人或有論新莽改制與經學今古文關係者，亦僅泛論；而莽在經學史上之地位，則始終未獲肯定。

莽行政治學，動輒引據經書，而漢人又最重師法，所謂「師之所傳，弟之所受，一字毋敢出入。」在此時代風尚之下，因其引述而保存了漢代流傳的經書版本及師說，值得深入研究。又據史傳，莽章奏所引、行政所據，及十一經，其中直接援用《尚書》者尤多，而此見存於莽文中豐富之資料，在漢代之今文《尚書》三家本、孔壁古文《尚書》本皆已亡佚於西晉末之今日，益顯得彌足珍貴。故余檢史傳所載莽之章奏詔冊，或行事法教，凡其涉及《尚書》本經或《書》說者，皆深爲稽考，一一溯其家法，校其異文，因論莽《尚書》學與今古文之關係，既而檢討其在行政上應用《尚書》情形，末則總陳莽對漢代《尚書》學之貢獻，而基於學術，予彼以新評價。

莽執政時期，曾立《左氏春秋》、《毛詩》、《逸禮》、古文《尚書》及《周

禮》於學官，在此之前，古文經學一直處於受壓抑的地位，僅在民間傳授，因其對古文經大加獎擢的結果，使人每以古文家視之、而不復深考。事實上，莽立古文博士只是爲了扶微學、廣道藝，詳考其引用《尚書》可知其爲一徹頭徹尾之今文家。而莽《尚書》師承，史籍雖闕載，然考其引經、說經，多前承於伏生及歐陽、大小夏侯三家，足見其與今文《尚書》學之淵源深厚。又莽《尚書》說保存不少漢代《尚書》傳本之原貌，足證今本之不古及可勘校今本之誤，於經學文獻貢獻之大，於此知矣！此外莽理政治事好取法《尚書》，甚至爲倣〈無逸篇〉所述殷三宗之次序，寧願因承景帝尊孝文廟爲太宗廟之漢制，奏尊孝宣廟爲中宗、孝元廟爲高宗，凡此皆爲循古行事，由於莽如此好古、倣古，使得古代幾近重現，故其於古史之保存誠功不可沒。凡此皆本論文研究所得之舉要，而爲前賢所未言者也。

目　次

《詩經》中有關戰爭與戍役詩篇之研究

作者簡介

　　鄭建忠，祖籍福建惠安，1962 年臺灣台北出生。國立政治大學中國文學系畢業，私立東吳大學中國文學碩士，現任北台灣科技學院通識中心專任講師，德明科技大學兼任講師，專授四技、二技、二專國文及文學欣賞、禪學與生活踐履等課程。曾任大學入學考試中心國文科閱卷委員，並擔任【大學國文】主編（普林斯頓圖書公司）及【大學國文選】編輯委員（五南圖書公司）。

　　研究論文有：詩經中有關戰爭與戍役詩篇之研究【碩士論文】、台灣鄭成功神劍傳說主題研究、周頌「有瞽」詩中之樂器探討、漢代童謠析論、唐代題畫詩中之題馬詩析探。

提　要

　　《詩經》三百零五篇中，將近有六分之一的詩篇，直接或間接地與戰爭、戍役有關，從周滅殷之前的武裝殖民開始，一直到周亡為止，有周一代幾乎整個時代都充滿著戰爭的煙硝氣息，八百年間持續的戰爭架構出東西周的歷史風貌。《詩經》中有關戰爭與戍役詩篇蘊涵著相當豐富的歷史景象，反映出周代先民的種種情感特徵，確實是中國文學中一個值得深切關注的研究主題所在。

　　本文即以「戰爭」與「戍役」的主題著手切入研究《詩經》，從當時作品

的表層記錄中，探究那些周代無名詩人詩歌創作的原始觸發點。

　　第一章中討論了關於周代隨著國力的消長而歷經「征伐」、「平亂」、「禦侮」、「勤王」四種戰爭性質的相關詩歌作品。第二章則是從《詩經》裡直接或間接記載在詩歌作品中分析探究若干重大戰爭事件，例如：周人翦商的牧野之戰、周公平亂的東征以及宣王對抗外族的中興禦侮戰爭。

　　此外在《詩經》中敘及與戰爭、戍役相關的事項相當地多樣化，當時諸多詩作中，敘及戰場上所使用的「兵器與車馬」，周王朝的「兵制與戰陣」、戰爭前後的「祭祀、慶賞與獻俘」；以及軍事活動的「田獵操習」，也在第四章中加以詳細分類討論。

　　第五章則是分類解讀《詩經》中有關戍役詩篇的作品內容，並在第六章中針對戰爭與戍役所引發的詩歌情感，分析歸納出六種不同的情感表現特徵：「愛國」、「非戰」、「征怨」、「歸思」、「懷鄉」、「喜歸」，藉以探討出有周一代人民在戰爭死亡、流離、傷別、困頓、無奈、懷歸的種種折磨下，對戰爭那種愛恨交雜、悲喜交極的錯綜複雜的情緒。

目　次

第 八 冊　先秦儒家《詩》教研究

作者簡介

　　林耀潾，1960 年生，臺北縣貢寮鄉人。國立成功大學中國文學系畢業（1982）、國立高雄師範大學國文系碩士（1985）、博士（1995）。現任國立成功大學中國文學系副教授。著有《先秦儒家詩教研究》、《西漢三家詩學研究》（文津出版社，1996）及學術論文數十篇。研究專長是《詩經》學及儒學。近年來，計發表臺灣儒學論文六篇。近二年來因執行教育部頂尖大學計畫，已完成實用中文論文四篇。總體而言，主要的研究領域是《詩經》學及儒學。

提　要

　　本論文以「先秦儒家詩教研究」為題，全文共分六章。

　　第一章詩教之意義。旨在闡明詩教之義及儒家特重詩教之因。此章分四節。

　　第一節，由《詩經》之成書以論詩教之義。

　　第二節，由詩經之內容以論詩教之義。

　　第三節，在說明詩教之二層意義，乃全篇論文之綱維：「禮樂用途之詩教」即詩、禮、樂三者相需為用之詩教，此第二章第一、二節所述者；「義理用途之詩教」僅取詩意以說之詩教，此第二章第三、四節及第三、四、五章所述者也。

第四節，由孔子教人先以詩、諸家與儒家相較，及儒家六經之學以《詩經》為重為要三端，以說儒家之特重詩教。

第二章周代詩之運用與詩教。旨在探驪詩教之大本源。此章分四節。

第一節，論典禮用詩與詩教之關係。

第二節，論賦詩言志與詩教之關係。

第三節，論獻詩陳志與詩教之關係。

第四節，論言語引詩與詩教之關係。詩為義理之府，可以導廣顯德，耀明人志，故言語中多引之，或引詩以論人，或引詩以論事，或引詩以證言，無不條達情義，至其引用之方式則有直用詩義、引申詩義、斷章取義及引詩譬喻四種；殆為孟、荀以下「著述引詩」之先河，關乎詩教極大。

第三章孔子之詩教。旨在闡發孔子詩教之體、詩教之用及詩教之效。此章分五節。

第一節，在說明孔子詩教之體為「思無邪」：孔子云：「詩三百，一言以蔽之，曰：思無邪。」詩教之體，於此見之，其大義則可分二端言之，一曰重真情流露，自然質樸之表達；二曰重歸於人類性情之正；本節復對漢儒之「以刺諱淫」及宋儒之「以淫為戒」，有所駁正，以為葩經一書無所謂「淫詩」者也。

第二節，在析論孔子興觀群怨之詩教。

第三節，在析論事父事君之詩教。

第四節，闡明多識於鳥獸草木之名之詩教意義，一為作為比興之興，一為增益博物知識，而實以道德教化為本，知識之學殆為緒餘耳。第二節至第四節所述乃孔子詩教之用。

第五節，在釐清詩教「溫柔敦厚而不愚」之確切意義：以為溫柔敦厚而不愚有二層性質，一為婉曲不直言，一為憤而不失其正，以前者為常，以後者為變，而變之所以生，由於「政治上之大利大害」及「禮教上之大是大非」，明乎此，方足以言「不愚」。此詩教之效。

第四章孟子之詩教。此章分三節。

第一節，以孟子性善說之論據以明以意逆志之義，殆以讀詩者之意逆作詩者之志，常可得詩之本旨，此孟子說〈北山〉、〈凱風〉、〈小弁〉三詩之正確運用也。

第二節，在說明孟子所以言「王者之熄而詩亡，詩亡然後春秋作」者，以

其有「知人論世」之認識也，復以「知人論世」之法論詩篇之作者及時代。

第三節，在闡述孟子詩教之大宗乃爲「以詩證學」，故雖有「以意逆志」及「知人論世」之矩矱，而不免亂斷詩意者，以其牽於己之性善學說及王道思想也。

第五章荀子之詩教。旨在由荀子之論詩及引詩以探尋其詩教之義。此章分二節。

第一節，由荀子之論詩以論其詩教之義，厥有三者，一曰隆禮義而殺詩書，二曰詩爲中聲之所止，三曰詩言聖道之志。

第二節，由荀子之引詩以論其詩教之義：荀子以爲「詩書故而不切」，無統類可尋，故貶抑之，然由其引詩觀之，亦似有統類可尋者，考察之，厥有七者：論勸學、論專壹、論愼身、論君子之德、論禮儀之重要、論仁人用國之效、論生無所息。此其大較也。

第六章結論。旨在言當代「文學之詩經」之獨盛，「經學之詩經」之偏枯，而思有以濟之也。蓋由《詩經》之成書、內容、運用及儒家巨擘之論說觀之，《詩經》本始具教化意義，近人斥道德爲落伍者，乃未見《詩經》之源頭活水也。

目 次

第九、十冊 朱熹《詩經》學與《詩經》漢學傳統異同之研究

作者簡介

陳明義（1966～）台灣台中市人。東吳大學中國文學系學士（1986、09～1990、06）、東吳大學中國文學研究所碩士（1990、09～1994、01）、東吳大學中國文學研究所博士（1996、09～2004、02），現為台中縣大里市修平技術學院應用中文系助理教授。在學術的研治上，師承自中央研究院中國文哲研究所林慶彰教授，並以詩經文本、詩經學史的相關問題為研究專業。碩士論文為：蘇轍《詩集傳》研究，博士論文為：朱熹《詩經》學與《詩經》漢學傳統異同研究，另有戴溪《續呂氏家塾讀詩記》初探、輔廣《詩童子問》初探、劉沅《詩經恆解》初探等單篇論文。

提 要

本論文著重討論朱熹去《序》詮《詩》、回歸《詩》文、以己意說《詩》的《詩》學內涵、面貌，並透過《詩經》各篇篇旨的詮解、《詩經》賦、比、興的界義、說明、辨析、《詩》文的訓詁、〈周南〉、〈召南〉的詮解、淫詩和刺淫諸端，來探究、呈顯朱熹《詩經》學和《詩序》、漢學傳統間的異同、關係。透過上述諸端的研探，吾人大抵可獲致以下的認知，其一，所謂朱熹去《序》詮《詩》，回歸《詩》文，以己意說《詩》，乃是朱熹以為《詩序》出自漢儒（衛宏），本附於《詩經》經文之後，詮《詩》多所錯謬，由於後人誤信《詩序》

為經文，致詮解《詩經》時，盲目尊信，即使到了悖離詩文的地步，也在所不惜，為了指陳《詩序》出於漢儒，詮《詩》多所附會、穿鑿，謬妄而不可信，朱熹因將《詩序》重新置於《詩經》經文之後，以回復古本《詩經》的樣態，要讓人讀《詩》、詮《詩》時，能重新回歸《詩》文，以《詩》言《詩》，尊重詩文前後脈絡所呈顯出來的意涵，而將《詩序》單純地視作一種解《詩》觀點，其二，朱熹《詩經》學的內涵、形構，就其和漢學傳統間的異同關係而言，乃是其中有異有同，既有承續、立基、相同於漢學傳統的一面，如就《詩》文字義、詞義、名物等訓詁，對於《毛傳》、《鄭箋》的取資、承用；就〈二南〉諸篇的詮解上，以文王時詩視之，並將〈二南〉諸詩統攝在文王之化，以顯示其深刻的詩教意義；在《詩》旨的詮定上，有一百餘篇採用、承用《序》說，或和《詩序》相同，又有戛然獨鑄、標誌新變、歧異於漢學傳統的地方，如對《詩序》作者的辨析、對《詩序》詮《詩》的多所批判；在《詩》旨的詮定上，有近三分之二的《詩》篇和《詩序》的詮說不同；倡提〈淫詩〉，重新詮解孔子「思無邪」的意涵；對賦、比、興的界義，說解、辨析與標示；在部分字義、詞義、名物等訓詁上，不採用《毛傳》、《鄭箋》；在句意串解的訓詁上，和毛、鄭多所異同。綜合言之，我們可以說朱熹《詩經》學的形塑與蘄向，乃是立足於傳統，而又超越傳統；其《詩》學既從漢學傳統而來，而又有度越漢學傳統、融鑄新義之處。

目　次
上　冊

下　冊

第十一冊　《禮記·禮運》研究

作者簡介

　　洪文郎，臺灣高雄人。民國 91 年畢業於中國文化大學中國文學研究所碩士班，翌年考入該校博士班。曾任職教育部國語推行委員會「異體字字典」編輯工作、經國管理暨健康學院兼任講師。現為中國文化大學中文系文學組、華岡藝術學校兼任教師、《中華詩學》執行編輯。曾參與行政院國科會研究計劃「全球華語文數位學習及教學之設計、開發與檢測華語字詞數位學習及線上檢測研究」（93-94 年度），以及語文工具書編輯工作。

提　要

　　「禮」是人與人、人與家、國、天下，以及天地萬物之間的一種理想的對待方式。透過「禮」，人可以和他人以及家、國、天下，乃至天地萬物達成一種和諧的狀態。〈禮運〉一篇所揭櫫的就是一個理想中的政治形態，以及住這種理想的政治形態中，人與對象之間的理想的對待關係。本題的寫作即是期望能從「禮」所架構的世界中，尋繹「禮」的眞實意義，對「禮」的精意有所抉發；並以此來作爲探討「禮」的構作原則與古代社會關係的基礎。

　　本文在寫作上共分七章。第一章爲「緒論」部分，說明本文寫作的旨趣。第二章爲「《禮記》概說及〈禮運篇〉之性質」，試著從名義的釐定來探討《禮記》一書的形成過程，並對歷來〈禮運篇〉的研究作一檢討。第三章爲「『大同』與『小康』」，先對「大同」與「小康」一節的眞僞問題作一澄清，然後探討「大同」與「小康」的區別問題。第四章爲「從禮之初到禮之大成」，討論禮「從其初」的意義及宗廟祭祀所透顯的禮意。第五章爲「僭禮與禮的制作」，對僭禮的行爲及禮的制作問題進行討論。第六章爲「禮的普及與和諧關係的建構」，探討如何普及禮以及建構和諧的關係。第七章「結論」。

　　在研究的方法上，本文的研究是希望能在不背離文章的原意上，合理地詮釋傳統的文獻。期望在研究過程中，能夠在充分地理解原文的基礎上，去賦予古典文獻一個現代的詮釋。這種詮釋不只是對文獻的理解，更是探討賦予古典文獻現代意義的可能性。

目　次

王船山之禮學

作者簡介

　　林碧玲，政治大學中國文學研究所博士，撰〈存在與實踐 從孔子的生命歷程論「儒之道」的顯發〉博士論文。專長中國義理學（哲學），尤其儒學。任教於華梵大學中國文學系，教授易經、詩經、論語、學庸、宋明理學、老子、中華文化等課程。近五年研究重心為上博楚簡〈逸詩〉、勞思光「韋齋詩」及其「自我境界」說之實踐等。

提　要

　　本論文全一冊，約九萬字，除緒論、結論外，計分三章十節。全文旨在探討明末大儒王船山（1619～1692）論禮之根據、功效與特色，進而彰明船山論禮之涵義與價值。故其重點不在船山於《禮記》一書諸般禮制、儀節之考辨，而在船山之《禮學》思想本身也。茲略述各章之內容如下：

　　首爲「緒論」，分「研究旨趣、方法與內容提要」、「船山禮學著作評介」二節。

　　第二章「船山論禮之大本」，闡明船山論禮所以運行天下，而使之各得其宜之根據，分「禮必有本」、「禮之大本總論」、「禮之大本分論」三節。

　　第三章「船山論禮之達用」，闡明船山論禮行於天下之功效，分「禮重達用」、「禮以立人道」、「君子秉禮以修己應物」、「聖王制禮以治人用物」四節。

　　第四章「船山論禮之本末通貫」，闡明船山論禮之體用圓融與本末不二，分「禮必本末通貫」、「天道人情不二」、「心物交盡」三節。

　　最後爲結論「船山論禮之涵義與價值」，闡明船山論禮之多重涵義與恒常價值，以點出船山禮學之特色與價值。

目　次

第十二冊　朱子《學禮》研究

作者簡介

林美惠，1957 年生。

國立成功大學中國文學系學士、國立高雄師範大學國文研究所碩士。

現職：國立成功大學中國文學系講師。

提　要

本論文由曾師昭旭指導完成。完成於 1986 年。

朱子《學禮》者，乃基於朱子之義理格局所設計而成，期導使人性自小學之事之涵養德性，而至大學之教以開發其性理，自正心脩身以至於齊治均平境地之尊德性之教也。換言之，經由習禮設教而導致德性建立之教育結構，乃一儒家於宋代思潮中所創發之新禮教。此教育結構本於朱子大學之道——格物致知、誠意正心、脩身齊家、治國平天下之旨而鋪展，乃其一生學術之精蘊。

朱子之《學禮》，本於追慕聖人之道德境界，從而建構古來一切學禮史料之道德意義，而醞釀成其尊德性之教。其資料背景頗爲繁複，範圍及經史，不易一一還原，本文只於其史料取用之源點明出處，不更作考信；蓋朱子於史料本取立意之美，不重其史實背景之眞僞，於宋代疑古辨僞之學風下，學禮實是一『創古』之思想。

朱子之《學禮》，本具見於《儀禮經傳通解》一書卷九至卷十九，然其前猶有《白鹿洞揭示》一文與《小學書》一書，可爲學禮之思想輔證；至於《四書集注》、《或問》、《朱子語類》、《文集》皆有學禮思想之議論，於本文一併稽考詳論之。

首章先於朱子《學禮》思想之導源與發展，作一考證；二章至五章——朱子學禮立教義、朱子學禮藝教義、由敬字看朱子小學始教義、由心字看朱子大學成教義，則討論《學禮》本身於教育宗旨、教學禮法、六藝教育、《小學》之教、《大學》之教諸端，其所欲言卻引而未發之義理。六章則綜述朱子學禮可能有之道德實踐之進路，且檢討其道德教育之虛實，以作結論。

本文寫作之方法，首在還原朱子之立意；於史料經語各各察明出處，標明原典，間採古籍之訓釋；其次，於整個義理架構之建立，則參考《大學》之三綱領八條目，以舖敍出朱子《學禮》自個人脩身至家齊國治天下平之教育規模。

然朱子於古籍頗有釐析改併,與原典未必一致,讀者但取其大意可也。

　　本書所據取材料,於《儀禮經傳通解》一書,取自《文淵閣四庫全書・經部・禮類》;於《小學書》,則取自《文淵閣四庫全書・子部・儒家御定小學集注》。其他朱子著述則取自坊間通行本,而《學禮》之《書數篇》原闕,只存序題,今亦由序題之立意,補以清朝江永的《禮書綱目》之《書數篇》,以全其體系也。

目　次

第十三冊 孫覺《春秋經解》解經方法探究

作者簡介

劉德明，1968 年生，2004 年取得中央大學中文博士學位。現爲中臺科技大學通識教育中心副教授，對諸多事物有廣泛的好奇。專長爲中國義理學及《春秋》學，曾發表關於《春秋》、孟子、莊子、董仲舒、朱子、康有爲、《四庫全書總目》等十餘篇經學、子學相關論文。

提 要

本文主要透過研究孫覺之《春秋經解》一書，論述關於《春秋》的解讀問題。《春秋》是儒學重要的核心典籍，但是其內容卻非常簡少。自孟子起，歷代儒者多視《春秋》爲孔子最後一本親定的典籍，並且認爲其間有孔子隱含之「大義」。既有「大義」就必須透過解讀方能使其彰顯於世。所以自三傳起，對《春秋》之詮解莫不以能探得孔子深藏於《春秋》中之「大義」爲主要目標。但一則《春秋》本文簡略，二則號稱源自孔子的《公羊》《穀梁》與《左傳》三傳亦彼此攻擊，於是《春秋》隱微之大義更不容易知曉。自唐代啖助、趙匡與陸淳等人，想超脫三傳陳說束縛，重新對《春秋》加以解讀。其固然開啓一種新的解讀之風，但亦不免有「憑私臆決」與「穿鑿詭辯」之譏。這是因爲啖助等人在力求突破三傳舊說時，在解經方法上沒有足夠深刻的反省。《春秋》學在宋代經學中比重最高，名家輩出。孫覺之《春秋經解》從解經方法的發展歷史來看，其不但繼承了啖、趙等學風，而且發展出更加完整的《春秋》解經學。其書雖然流傳不廣，其聲名雖不著於世，但其成就則不應被世人所忽視。筆者僅就孫覺《春秋經解》一書爲例，考其版本，說明其解經方法，以期對宋代《春秋》學以至《春秋》解經方法，有更深入的理解與研究。

目 次

第十四冊　熊十力春秋外王學研究

作者簡介

　　林世榮，中央大學中文所博士，現爲龍華科大通識中心副教授。著有《熊十力《新唯識論》研究》、《熊十力春秋外王學研究》、《熊十力與「體用不二」論》，及單篇論文〈朱熹《周易本義》發微〉、〈程朱「復其見天地之心乎」說研究〉、〈李光地《周易折中》發微〉、〈李光地《周易折中》屯六二「乘馬班如，匪寇婚媾」研究〉等十數篇。

提　要

　　熊十力肯定《春秋》乃孔子作，且根源於《易》，內聖與外王誠爲一貫，故而扣緊《易》以言《春秋》，並以《春秋》有微言與大義之別，特重「借事明義」之旨，是以經由對兩漢以迄清諸公羊家加以批判，又從內在義理方面予以創造性之詮釋，以揭示其心中理想之春秋外王學。

　　熊氏認爲「三科九旨」（張三世、通三統及異內外）乃《春秋》之微言所在，而孔子之本懷即在貶天子、退諸侯、討大夫。「張三世」旨在推翻君權，廢除統治階級，故唯由人民起而革命，以取消君權，人人平等，永無剝削，才能捨據亂而趨升平以抵太平；「通三統」亦非爲維護統治階級之君統，乃是以仁垂統，故須維仁統於不墜，即以仁統天下，此實深合《春秋》本旨。熊氏又以《春秋》既本仁爲治，由據亂而升平，其蘄向則在太平，而所言井田制及升平世四大治法，誠頗詳備。熊氏並擴及〈禮運〉，以小康爲據亂世、大同爲太平世治法，故須捨小康而進至大同，且必如此，才能由有君之小康時代進至無君時代之大同理想境界。而欲達致此境界，熊氏認爲應借助《周官》，蓋其所言正是升平世大法，實爲《春秋》撥亂反正之關鍵所在，既由此而離據亂，並由此以至太平。

　　要之，熊氏實已賦《春秋》以新意，爲之開啓新方向，其說洵值加以探討，並予發揚。

目　次

第十五冊　《左傳》之人文思想研究

作者簡介

　　王聰明，山東昌邑人，一九五八年生於新竹，台灣師範大學國文系、國文研究所碩士班及博士班畢業，一九九八年獲台灣師範大學文學博士。曾任中學教師，現任明新科技大學人文社會與科學學院人文藝術教學中心副教授，講授中文領域、詩經、易經、老莊哲學等課程。主要著作有《左傳之人文思想研究》(碩士論文)、《中庸形上思想研究》(博士論文)等。

提　要

　　本論文以《左傳》之人文思想為研究主題，目的在探討春秋時代之人文思想，進而觀其與先秦儒家在思想上之遞嬗關係。文凡分六章。

第一章導論，先說明人文思想之涵義與中國人文思想之特質，以爲本文論述之知識基礎；其次略敍本文研究之動機、目的及論述程序。

第二章《左傳》之宗教人文化思想，分由人神關係之消長、災異思想之人文化及卜筮思想之人文化等三途，探討春秋時代之宗教人文化思想。

第三章《左傳》之道德思想，就春秋時人所表現之道德觀念，視其重要性依次論述，包括禮之思想、德之理論、信之思想、忠之倫理內涵及仁之思想。此外，亦敍及人性論之初步發展，以見其於中國人性論史中之地位。

第四章《左傳》之政治思想，旨在探討春秋時人對政治之基本理念，分由德治思想、禮治思想、民本思想及尙賢思想等四端論述之。此外，對災異說在政治上所顯示之人文意義，亦兼而敍之。

第五章《左傳》之人文史觀，自書法解釋，「禮也」、「非禮也」之簡捷判斷，「君子曰」之評論及歷史之因果關係等四種左氏傳經之形式，探討其寓懲勸於褒貶之史法，由之以覘左氏人文主義之歷史觀。

第六章結論，綜括各章之研究成果。

目　次

《春秋左氏傳》會盟研究

作者簡介

　　廖秀珍，國立臺灣師範大學國文研究所碩士畢業，現任職明新科技大學講師，對先秦經學，儒家與道家之間的糾葛，十分有興趣。

提　要

　　孟子嘗云：「仲尼之徒，無道桓、文之事」，但會盟的成立，在春秋時代確實有內安諸夏及外攘夷狄之功。事實上證明：戰國以後會盟之事驟減，殺戮征伐為主流，換言之，時至戰國時期會盟已無法成為維持社會秩序的力量，也因此更加突顯會盟在春秋時代的珍貴及其時代的意義。

　　本文凡分七章，首章敘述春秋與禮經之關係，春秋雖為亂世，仍重邦交之禮，方有會盟之存在，二章敘結盟儀節，就左傳所見，依序論列，並論及詛、質之相關問題。三章就經、傳所云「會」者，舉其實例，究其始末，其中以「諸侯相會」事例最多，大夫相會是春秋末之事，舉凡「討不庭」、「納公」、「立侯」、「救患」、「分災」，皆尋「會」或「盟」以定之，這就是會盟安定社會之功。四章「盟」：書「會」或書「盟」者，在春秋經傳中，似無不同，唯諸侯盟大夫為可恥之事，且春秋末期有兩大特色：一是本國諸侯與本國大夫相盟之事；二是魯文公之後「大夫盟諸侯」為常例，大夫專政已啟端倪。五章「會而盟」：書「會而盟」者多數為「公會後而盟」，內容仍是修

好、平成等。六章由春秋初期、齊桓、晉文、春秋中期、春秋後期來論述各期會盟之特色，交叉應證前文所述。七章結論。

目　次

第十六冊　論常州學派之學術特質與其經世思想

作者簡介

江素卿

國立高雄師範大學國文研究所碩士、國立中山大學中國文學系博士。

現任國立中山大學中國文學系助理教授。

曾開設課程有：大學部——中國思想史、經學通論、楚辭、韓非子、史記、紅樓夢等；研究所——史記學討論。

目前研究集中於經學史、經學思想、史記學等領域。

提　要

常州學派興起於清代中葉，論常州學派可有許多界定標準，清儒治公羊者，以孔廣森《公羊通義》成書最早，惟孔氏不重公羊家法，梁啓超《中國近三百年學術史》批評其書違失傳旨甚多，而以莊存與為清代公羊學之初祖，並為常州學派之開創者；本文敘述常州學以與經世思想相關之議題為研究重點，故從梁說自莊氏始。莊存與之學，傳其外孫劉逢祿、宋翔鳳而奠定學派之規模，

其後更由龔定盦與魏源之引申發揮，而使經世思想大昌於時，故本文主要研究對象爲莊存與、劉逢祿、宋翔鳳、龔定盦、魏源等五位學者。

第一章〈常州學派之形成及其背景〉，分別由地理環境、人文風氣、師承關係，及政治、社會環境、學術傳統等因素，分析常州學派形成之時代背景，進而探究這些因素交互影響下，常州學派之發展歷史。

第二章〈常州學派經學之特質〉，首先分析經學觀念與今文經學之精神，然後分節論述常州各學者治經之特質。

第三章〈常州學派之史學史觀及其經世思想〉，論公羊史觀爲一種歷史哲學，但常州學者之公羊史觀卻又非嚴格意義之史觀，他們重在利用公羊哲學中與歷史相關之議題，發揮其經世思想，最明顯者爲龔定盦之靈活運用三世論，而成就最大者應推魏源史學著述中之經世實踐。第四章〈常州學派之實務思想及其時代意義〉，清代中葉以下之政治問題，可謂千瘡百孔，要以清廷嚴分滿漢畛域與資格限人爲核心問題，種種弊病皆由此而衍生。常州學派治學精神，既在經世致用，檢視其對此時代問題之論點，一方面可分析其學術特質，一方面則可以此衡論其經、史學之時代意義。

目　次

第十七冊　劉逢祿《公羊》學研究

作者簡介

吳龍川，馬來西亞檳城人。國立台灣大學動物系畢業，中央大學中文所碩士、師範大學國文所博士。目前任教於清雲科技大學通識中心。

提　要

劉逢祿是清代公羊學奠基者，經由他獨尊公羊的努力，清代公羊學復興。以是，論者提劉氏多談其影響，關注其學術內涵者較少；故本文之作，專研其公羊義理。

劉氏學術大方向乃獨尊公羊，其作法即是把儒家經典全面公羊化。背後隱含的概念是：公羊的學說核心（三科九旨），才是孔子嫡傳的「微言大義」。因此，如是孔子「口授」，必然有「三科九旨」，有三科九旨方是有「師法」，三者不可分割。劉氏遂運用三科九旨「破」左、穀，達到全面「立」公羊的目標。

劉氏的三科九旨，內涵乍看與董仲舒、何休無別，但從公羊的改制（春秋制）說切入，再與董、何對比，即發現大有差異。

劉氏的改制，乃以封建制爲春秋制，並認爲它有兩大力量，即禮與刑，爲長治久安的保証。然公羊家所謂改制，並非把某一制度定於一尊。董仲舒的改制有兩種，一是形式改制，是王者受命的象徵；二是實質改制，爲王者應時順勢而改制，以臻德治（本文順此釐清有關董氏改制的誤解）。劉氏與何休的對比是，他加重刑，重視誅貶絕。這來自封建制天子討伐諸侯的「九伐之法」。

如此一來，公羊家異內外、張三世、通三統等三科九旨，在劉氏以封建制為春秋制的觀念籠罩下，都受影響。經由董、何對比，遂見其公羊學特色。

目　次

第十八冊　《公羊傳》、《穀梁傳》比較研究

作者簡介

簡逸光，1975 年生。中國文化大學中國文學研究所碩士，佛光大學文學系博士。

提　要

論文針對《公羊傳》、《穀梁傳》進行比較研究，從二《傳》的傳承、字數、有傳無傳、卷數、問答形式、解經方法、三科九旨等意義價值上討論。目的希望可以為《公羊傳》、《穀梁傳》研究領域，提供基礎的研究成果。

從這些比較中發現二《傳》在傳統的認知，雖從意義區分為兩本不同的專著，但形式上總無法區別二者的差異，故筆者從看似雷同的外在形式切入，發現二《傳》不僅內容不同，在形式表現上亦不盡相同。

例如一般讀者對於《公羊傳》與《穀梁傳》的形式，皆以為二《傳》採用「問答」形式。但二《傳》採用問答作為解經的次數卻有差異，《公羊傳》遠多於《穀梁傳》，且採取縱向式的層層逼進的方式表現，此類形式具有限定讀者意識、使《經》、《傳》關係更密不可分、問題明確化的功能。這部分

《穀梁傳》就不及《公羊傳》，故需傳例來完成對經文的詮釋力量。所以從解經方法的使用類型來看的話，《穀梁傳》又比《公羊傳》發展的更為細膩且複雜了。

論文的貢獻最主要有三點，一是從《穀梁傳》中找出與《公羊傳》三科九旨相似的對應模式，認為穀梁家可以如公羊家發揮微言大義般，將《穀梁傳》的二科九旨進行論述，以為致用之源。二是描繪出公羊高與穀梁赤的人格特質，因公羊高與穀梁赤雖於唐代時配享孔廟，然一般人見其名，只知二人有傳《經》之功，故列東西二廡，對二人之個性皆無所洞悉，亦不知從何可知。筆者從《公羊傳》、《穀梁傳》二《傳》中找到二人的言語，藉以描繪二人的人格特質。三是對《公羊傳》、《穀梁傳》的現代價值，提出傳文所述，正合當今時勢之所需，此為二「傳」存在之意義。

目　次

第十九冊　船山《論語》詮釋之研究

作者簡介

　　劉用瑞，一九五七年出生於福建省連江縣（馬祖南竿），大學就讀淡江大學中文系，台師大國研所教學碩士，現任教於台灣桃園縣中壢高中。

提　要

　　本論文定名爲「船山《論語》詮釋之研究」，是企圖通過論文的寫作，從船山針對《論語》的詮釋活動梳理出饒富意味，甚或脈絡清晰的詮釋體系來，蓋船山學雖無外在的系統相，卻包含著內在系統性，所以名之曰「船山《論語》詮釋之研究」。

先秦經典一直都是歷代思想家、學問家藉以思索天命、人事的基本文獻，他們也常通過對經典的注解、詮釋，來建立一己的思想體系。經典的詮釋不只是詮釋者一己思想的滲入，亦緊緊縐合了當代思潮和政治情勢，亦即除了個人的內在思想邏輯外，還有外在的實際需求。

船山身處明清鼎革，天崩地坼的時代，世運傾頹，士人多對經術作反思和檢討，究其與世運相爲因果之跡，進而力思矯正。重經學以求通經致用，崇理學以賡續儒學道統，是當時士人的主要心態，也是當時學術思想的發展大勢。明季遺老耆宿透過對宋明理學，特別是其中援引釋老，談玄弄虛部分的揚棄，進而爲原典挹注新的思想內容。從他們的心路歷程來看，則是由內聖而外王，或可說由內聖開出外王。

船山雖然僻處山野，但通過反思和觀察，他卻是能準確地掌握時代的脈動，所謂「明人道以爲實學，欲盡廢古今虛妙之說而返之實。」他擯斥佛老，指責陸王之玄虛而求實，除對經典文本加以釐定，確詁聖人本意，進而光大聖諦之外，彌足可貴的是其中超越的意味和時代感。

雖然歷代思想家學問家對於經典的詮解，在不同的程度上都具備這種融舊鑄新的特質。但無疑地，船山詮解經典，在那政治極端杌隉，思想高度虛無的時空下，那股通經以求致用，注重經世濟民的胸襟和志向，是無可取代的。家國身世的遭遇，船山不踵繼屈原，不企學韓非；鬱鬱之心不潛移爲〈離騷〉，悲愴之情不內化成〈孤憤〉，而以卓絕昂揚的精神、理性的態度、堅毅的心志，尋思探索立天地之大法，和扶長中夏之大道 。

在方法論而言，無論是對經典的詮釋，或是對歷史的詮釋，船山的詮譯學更是饒富超越意味和時代感。就船山學而言，詮釋的目的在於批判，而批判的目的旨在重建，亦即經由詮釋的理解進路，以批判作爲手段，最後以創造爲目的，創造不是出於一己之臆造，而是道的彰顯。

《論語》作爲一部中國的「聖經」、儒學的「聖經」，本意（intention）必須被不斷地彰顯。故本論文欲透過對船山有關《論語》詮釋之研究，涵攝其精神、心志和態度。無論本體思想或是方法論，船山「因而通之以造乎其道」的詮釋方法，值得探究，以融合古今，會通中西，思考建立中國詮釋學的可能；「欲盡廢古今虛妙之說而返之實」的精神，值得承續，再進而化生經典之新血脈。

目　次

第二十冊　民國以來民間教派《大學》《中庸》思想之研究

作者簡介

　　鍾雲鶯，國立政治大學中國文學系博士（2000），現任元智大學中國語文學系副教授。

　　主要研究的領域集中在「宗教的庶民儒學」，關注儒學在民間社會的發展，以及儒學被宗教化的解讀。研探主流儒學在民間被宗教解釋的現象，以及民間儒教解經者對主流儒學的吸收與轉化。著有《清末民初民間儒教對士流儒學的吸收與轉化》（2008，臺灣大學出版中心），以及相關研究論文多篇。

提　要

　　三教合一是民間社會所呈現的現象，但是儒家思想在傳統社會中一直居於主流，這是不爭的事實。尤其在民間宗教中，呈現出「以儒爲宗」的教義思想與修行方法。儒家的經典中，《四書》在民間的流傳最廣，而大學、中庸自宋·朱熹以來，被定位成「初學入德之門」與「孔門傳授心法」，故而被民間教派視爲必讀書，因此許多以宗教觀點的注疏作品紛紛出現。這樣的現象，一直存在於民間教派之中，但卻鮮見研究者重視這個問題，因此研究民間教派對學、庸的解讀，成爲了解其信仰之教義核心的重要主題。

　　朱子將大學、中庸並列於「四子書」中，使二書跳升至「經」的地位，這樣的轉變一直影響至今，民間教派對學、庸的認識亦建立在二書乃儒家之神聖經典。以宗教的眼光端視四書，論、孟所言多爲日用人倫，故較屬於實踐之事。而學、庸自朱子以「孔門心法」的角度解讀後，被視爲孔子罕言的「性與天道」，似乎在此找到答案，因此信仰者認爲修道的最重要處與最終目標地，聖人皆暗示其中。故而對四書的重視，尋求修道根本的學、庸又較之論、孟來得重要。即使在今日社會，民間教派對學、庸的重視，實非外人可以想像。

　　本文以解讀民國以來民間教派註解學、庸之作爲主，主要目的乃要了解民國以來的民間教派如何看待學、庸二書，並且如何將之宗教化，成爲宗教聖典。再者，往昔對學、庸的研究，多數留意於學界的作品，罕見涉及民間，故而忽略了民間社會的詮釋系統，而本文乃在學術界對學、庸研究的基礎上，探討民間社會如何解讀儒家經典，進而歸納分析其註解系統，爲當今的思想史作一補遺。

　　本文的主要目的乃探討民國以來民間教派如何解讀學、庸，並且肯定他們在儒家經典的注疏傳統中，有其貢獻與意義。民間教派開創了有別於學界的解讀角度，而這些材料目前被學術界所忽略，因此，相信本文的研究，將會爲專以知識分子爲主的思想史研究，與研究儒家經典的註解者開啓另一新視野。

目　次

第二一冊　讖緯思想研究

作者簡介

殷善培,淡江大學中文系學士、碩士,政治大學中文系博士,現任淡江大學中文系副教授。著有《讖緯中的宇宙秩序》、《讖緯思想研究》及〈讖言與美刺:漢代謠諺的兩種類型〉、〈郊祀歌與漢武帝的郊祀改制〉等論文數十篇,近年致於漢代禮制及郊祀歌的研究。

提　要

「讖緯」即漢代的圖讖之學,後世也泛指一切與占驗有關的文字,但本題的「讖緯」義取前者,並不涉及漢代以後的各種讖言圖錄。「讖緯」在歷史上的地位頗尷尬;因其涉入天命國運,起事者奪權時藉讖緯以明天命,但奪權後又懼他者攻其矛盾,所以自曹魏立下禁令後,幾乎無代不有禁令,致令讖緯文獻散佚;又因讖緯的非理性思維,學者多以迷信、荒誕排斥之,導致讖緯研究長期受到冷落。本文試圖從宏觀高度來評述讖緯思想,文分引論、本論、結論三部份。引論部份先將歷來研究的定位與取向做一整體的把握,並指出本文所運用的方法。本論部分依序從讖緯的名義與篇卷、命名與敘述、思維結構、主題結構等四章來綜攝讖緯思想,運用敘述學、詮釋學等方法來掌握漢代讖緯所欲回應的時代問題及其回應之道。結論部份則以《白虎通義》與讖緯為例說明漢代學術與讖緯的關係。

目　次

第二二冊　讖緯中的宇宙秩序

作者簡介

　　殷善培，淡江大學中文系學士、碩士，政治大學中文系博士，現任淡江大學中文系副教授。著有《讖緯中的宇宙秩序》、《讖緯思想研究》及〈讖言與美刺：漢代謠諺的兩種類型〉、〈郊祀歌與漢武帝的郊祀改制〉等論文數十篇，近年致於漢代禮制及郊祀歌的研究。

提　要

　　讖緯的出現在中國思想史上的是極特殊的，尤其在漢代，讖緯與經學并行，學者多「博通五經，兼明圖讖」，其地位相當於國憲，若不明讖緯而欲通曉漢代學術思想，事實上是有其困難的。唯因讖緯自晉代起迭遭禁毀，雖經後人輯佚，但資料考證上的問題猶待理清，再則，讖緯的思維方式與今之迥異，歷來學者多以「淆亂經學」、「迷信」等斷語斥之，棄而不顧，至使讖

緯學的研究成果相當有限。在這些研究成果中也多是引讖緯來證漢代經學、政治、社會等現象，極少直接進入讖緯思想研究者，本文爲補歷來研究之不足，遂以「宇宙秩序」此一意義結構爲主軸，來統攝讖緯，全文共分五章，其內容爲：

第一章爲緒論：此章分爲兩節，第一節爲研究動機與進路，檢討讖緯學的研究概況，及說明本文的旨趣以及研究步驟；第二節爲宇宙秩序釋名，解釋本文所謂的宇宙實包含自然與文化兩者，目的在限定本文的研究範圍。

第二章爲讖緯學的基本問題：本章是進入正式討論前的基礎工作，文分三節。第一節爲讖緯的名義、起源與內容，第二節爲影響讖緯學的幾部重要典籍，第三節爲讖緯思想的基調一天人感應的思維方式。

第三章爲讖緯中的自然秩序：此章分三節論述。一是宇宙生成論，二是星象分野說，三是世界圖式。本章研究的目的是經由對比方式，比較讖緯與漢代思想是如何「定位宇宙」。

第四章爲讖緯中的文化秩序：文化一詞含義甚廣，本章僅以「政治興革」爲主軸，說明讖緯與漢代政治的關系。本章分爲二節，一是秩序的建立與維持，論述禮樂與孝道思想；二是秩序的變革與再興，論述災異與革命思想。

第五章爲結語：綜結本文并略述本題未來研究之展望。

目　次

第二三冊　《白虎通》讖緯思想之歷史研究

作者簡介

周德良

臺灣・基隆市人。

國立中央大學中國文學博士。

曾任職：淡江大學、中央大學兼任講師。

現任職：淡江大學中文系專任助理教授。

教授課程：中國思想史、四書、荀子、韓非子等。

著作：《白虎通暨漢禮研究》，及有關《白虎通》、孟子、莊子、荀子等多篇期刊論文。

研究：執行行政院國科會專題研究計畫案：94 年度〈東漢白虎觀會議緣起與重塑〉、96 年度〈從「心」論荀子理論思想及其儒學性格〉。

提　要

東漢建初四年（79），章帝下詔太常以下及諸生、諸儒會白虎觀，講議《五經》同異，史稱「白虎觀會議」，會後討論成果編輯爲《白虎通》。（或稱「白虎通義」、「白虎通德論」）本論文乃以《白虎通》文本引述三十一則讖緯條文爲研究對象，研究目的有三：一、說明讖緯思想之緣起與義界；二、闡發《白虎通》所引述之讖緯文本，建構《白虎通》讖緯思想之理論體系；三、以《白虎通》文本運用讖緯思想疏解儒家典籍之方式，管窺漢代學術風貌，尋求讖緯思想在東漢時期之學術價值與歷史定位。

本論文所採取之研究步驟，乃是以東漢時之讖緯思想爲中心，對讖緯思想做歷時性之省察：首先，由探討讖緯之緣起過程，說明讖緯之義界，進而勾勒讖緯思想在東漢發展之整體概念；其次，依此義界對應漢代學術思想，藉由學術流變，探索形成讖緯思想之背後成因，展現東漢讖緯思想之時代意義；最後，爬梳羅列《白虎通》中涉及讖緯思想之文本，與其時代思想基源，一一對應，循此途徑建構《白虎通》讖緯思想之理論意義。

目　次

第二四冊　前漢《五經》齊魯學之形成及其影響

作者簡介

　　江乾益，臺灣省臺中市人，一九五六年生。曾就學於臺中市南屯國小、崇倫國中、省立臺中一中、國立中興大學中國文學系，國立臺灣師範大學國文研究所碩士班、博士班，於一九九一年卒業。曾任教於臺南縣南榮工專，擔任專任講師一年，臺北市銘傳商專、銘傳管理學院專任講師五年。一九九一年自臺灣師範大學國文研究所博士班畢業後，任教於國立中興大學中國文學系，以迄於今。曾擔任該校通識教育中心主任，現任中國文學系教授兼系主任。

　　作者專長在中國學術史及經學之研究，著有碩士論文《陳壽祺父子三家詩遺說研究》、博士論文《前漢五經齊魯學之形成及其影響研究》、《詩經之經義與文學述論》等專著，及單篇論文〈漢代尚書洪範咎徵學述徵〉、〈后倉與兩漢之禮文化〉、〈禮向位之儀探論〉、〈漢書五行志中之災異說探論〉、〈中國歷代論語學之詮釋形態及其方法論〉、〈儒家倫理學說與臺灣現代化關係的探討〉等多種。

提　要

　　本篇旨在探究前漢五經齊魯學形成之根源，與入於漢代之後齊魯二宗學術

發展之大勢，乃依學術發展之歷程，作經學內容流變之研究。其討論之綱要如下：

第一章，緒論。略述前漢五經齊魯學形成之因緣與演化之大勢，並確立本篇研究之方法與步驟。

第二章，詳述齊魯學形成之背景，分論齊魯二家學術歷史、地理之因緣，與其所形成之學術特性。

第三章，論析戰國以迄秦漢之間，齊魯學有交匯融會之情勢。自儒家二賢孟、荀之遊稷下，以至齊學者西進，著為《呂氏春秋》一書，以觀察儒學內容之演化。

第四章，考察前漢初期經學之形成，與先秦齊魯學之淵源；並據漢初儒家諸子之著作，以考辨其齊魯學之成份。

第五章，敘述漢武之崇儒更化，而齊魯學者稟其學以應世之情態；並承之以武、昭、宣之際，五經諸儒傳授學術之大趨勢，以觀察五經齊魯學之發展。

第六章，探討齊魯二家學術精神之異同，且抉齊學之說，以說明漢代儒學之終究異於鄒魯舊學者，以齊學多新義也。

第七章，論說前漢五經齊魯學之思想，其影響於前漢政治、經濟與文化之成分，藉以解明齊魯二學乃中國文化之兩大根源，中華學術之性格據此而得奠定也。

夫中華歷史朝代，其援經術為治者，漢代為最。其時德治教化與災祥之學雜而為用，守古更化與變革之議聚訟不休，二者並援經義，依傳立論，此二者即齊魯學是也。齊學多倡天人之道，好言陰陽終始，遂而變改先秦儒學樸實之面貌，孔、孟之精義乃掩抑而不彰；幸賴有傳經之儒，篤守本業，故至宋明，儒者猶能闡幽發微，成就內聖之學。漢代儒生所謂通經致用，或襲儒名而用法，或藉陰陽終始之格套，成非真得儒學之本義也。

目　次

附　錄

第二五冊　東漢經術與士風

作者簡介

　　翁麗雪，台灣台中人，國立台灣師範大學國文研究所畢業，現任國立嘉義大學副教授。著有《東漢經術與士風》（碩士論文）、《東漢經學之政治致用論》（獲國科會研究獎勵）專書，以及〈群經用鴈考〉、〈群經中魚文化的物質應用考〉、〈東漢刑法與復仇〉、〈東漢盜賊事略〉有關經學思想研究之論著，其他發表論文如〈古俠考略〉、〈魏晉小說俠義精神考略〉、〈唐代的劍俠〉、〈當莊子寓言變成了四格漫畫〉、〈大學文選〉（合著）等多篇著作。

提　要

　　東漢經術承先啓後，承西漢罷黜百家、獨尊儒術之局，奠立其後二千年儒家道統根深之基礎。而其士風，睥睨古今，風俗淳美。經學之興蔚，士風之儒化，二者聲息交會，並轡而馳，造成士人執道守節、志行高尚之情操。本篇分從經學遞嬗之宏觀透視，與士人面貌之微觀剖析，藉以呈現東漢一代士人獨特之思想樣貌。

目　次

第二六、二七冊　戴震經學之研究

作者簡介

　　林文華，男，高雄市人，1969 年生，國立政治大學文學博士。

　　現任美和技術學院通識教育中心專任助理教授，國立高雄師範大學經學研究所兼任助理教授。學術研究領域主要為清代乾嘉學術、古文字學、簡帛研究以及《詩經》、《逸周書》等古代典籍的文字訓詁考證。

　　學術代表著作：

　　1.《戴震經學之研究》，國立政治大學博士論文，2005 年 6 月。

　　2.《吳國青銅器銘文研究》，國立高雄師範大學碩士論文，1998 年 6 月。

　　3. 另有二十餘篇論文發表於中山大學《文與哲學報》、高師大《國文學報》、《書目季刊》、《中國古典文學研究》等期刊以及學術會議。

提　要

　　清代是中國經學集大成的時代，乾嘉時期又是清代經學極盛之時，戴震則

是乾嘉時期經學的領袖人物，故了解戴震的經學，對於掌握乾嘉經學乃至整個清代學術之發展，實具有關鍵的地位。戴震的經學成就是多方面的，首先在科學性的考據工作上，建立了嚴密的解經方法；其次，其經學更能由考據進至義理哲學的建立方面，樹立清代義理學的典範；最後，戴震的經學不純粹是「考古」，亦關心現實的社會問題，具有「經世」的觀念，觀其「理欲一元」與「達情遂欲」的主張可證。因此，綜合戴震訓詁考據與義理哲學，才能了解其學術主張之全幅，進而掌握「清學」發展之脈絡。

目 次
上 冊

第二八冊　康有爲經學述評

作者簡介

　　丁亞傑，祖籍安微省合肥縣，1960 年出生於臺北，東吳大學中文系博士。曾任元培科技大學通識教育中心副教授，現任中央大學中文系助理教授。專長爲《公羊》學、中國近代經學史。著有《清末民初公羊學——皮錫瑞、廖平、康有爲》、〈士大夫生命的自我投射——方苞朱子詩義補正的女性認知〉、〈乾嘉漢學的前緣——方苞春秋通論的經義形式研究〉、〈方苞學問的形成與轉折〉、〈方苞述朱之學：詩經的歷史想像與文化建構〉、〈方法論下的春秋觀：朱子的春秋學〉等論文二十餘篇。

提　要

　　康有爲是近代史重要人物，其重要性含蓋政治與學術，政治上開變法之先，學術上啓經學今古之爭，二者之間又相互聯結，主要是以經學面對時代，以學術領導政治，研究康氏可以知道近代經學與政治的關連，更可探究康氏如何以經學面對文化巨變的時代，從而得知傳統在現代的價值。康氏的整體表現，可供我們參考。

　　本文是將康氏置於清代經學史下觀察，亦即在傳統發展下探討康氏經學思想，與一般研究著重時代背景稍異，更與採取西方衝擊理念不同，但並不是置歷史背景於不顧，而是指出專家研究，除了須注意歷史背景外，還要注意傳統發展，時代不同，對傳統解釋也不同，也須對其經學思想作一研究。

　　本文第一章從歷史背景開始，反省解釋清代經學史的四個意見：王學反動、清廷高壓、西力衝擊、階級利益，說明四種說法均有其局限，未能從學術內部探討清代經學發展。清代經學承二千年發展，而有一自覺性反省，是從晚明上溯至西漢，並以重新解釋孔子爲目標。第二章探討康氏學術淵源，朱次琦以理學經世，廖平以制度分別經今古學，前者予康氏強烈的社會關懷，後者予康氏重視社會制度，康氏結合二者發展其新說。第三章指出康氏經學發展方

向，是由理學轉向經學，由古文轉向今文，最後重解孔子，以孔子爲教主。第
四章分析康氏建立經學的理論基礎，以天爲理論根源，以仁爲天的內容，以性
爲仁的開展，以禮爲性的完成。第五章析述康氏以經學改革社會，以制度救國、
物質救國、文化救國爲主，開啓民國以後救國理論的先聲。第六章比較康氏與
同時諸家爭論異同，焦點在對孔子性格認定有異，康氏始終以孔子爲教主，諸
家則以宗教是迷信，孔了之聖在傳播歷史文化。

目　次

虞翻《易》學研究
——以卦變和旁通爲中心的展開

楊淑瓊　著

作者簡介

楊淑瓊，台灣台中人，生於 1976 年。

曾就讀於私立明道高級中學國中部、台灣省立台中女子高級中學，後畢業於國立中興大學中國文學系，並取得中國文學研究所碩士學位；現肄業於中國文學研究所博士班，致力於易學與春秋學之研究，

目前擔任中國醫藥大學通識教育中心兼任講師，曾開設「漫話易經」、「老子選讀」、「中國文化名篇選讀」、「先秦散文」、「應用文」等課程。著有〈《東坡易傳》中的性命之說〉、〈馬一浮《易》學觀略論——以〈觀象卮言〉為核心之探討〉等與易學相關之學術論文。

提　　要

　　本文是針對虞翻《易》學內容的兩個重點，即以「卦變」和「旁通」為主，進一步探討虞氏解《易》之觀念與方法，並嘗試採取比較正面肯定之態度，為虞翻解卦之內容與方法，尋求一合理化的解釋。

　　本篇論文共分為七章，首章為「緒言」，第二章是有關「虞翻之生平與著作」，虞翻之生平經歷，大致可概括為「苦學」、「軍旅」、「罪放」三個時期，而其生卒年應以西元 170 ～ 239 年一說較為可信；著作方面，在《周易注》之外，虞翻雖尚有多種著作，但僅有《周易注》因著唐代李鼎祚《周易集解》之徵引，才得到較完整的保存。第三章分別從「學派之繼承」與「學說之吸取」兩個部分來探討「虞翻《易》學思想淵源」，說明虞氏《易》學的形成，主要是站在孟氏派之立場，融合各家說法的成果。

　　第四章探討「虞翻《易》學中之卦變問題」，指出虞氏談卦變之主要目的，除了將六十四卦視為一開放動態之系統外，尚試圖在不違背《易》辭之原則下，尋出各卦之所從來；由此，筆者並發現虞翻解《易》是配合著反對卦。第五章討論「虞翻《易》學中之旁通問題」，點出在虞氏《易》學中，旁通有「相應」與「生卦」兩個作用，而生卦之法又有「互易法」及「遞變法」兩種。

　　在第四、五章之基礎上，第六章接著探討「虞翻解《易》之觀念與方法」，說明虞翻以「明象為本」和「變易為常」之觀念為主，並歸納其具體解卦之方法約有三點，分別為：1. 以卦變或旁通確立卦之縱橫關係。2. 運用互體闡明本卦與他卦之聯繫。3. 以既濟為各卦之理想目標。第七章「結論」則是本篇論文之重點整理，歸結虞翻「以卦變為經，以旁通為緯，以互體為中介，以既濟為依歸」解卦之特點，指出虞氏《易》學之主旨，並說明本篇論文尚未釐清之問題。

目
次

第一章 緒 言

第一節 研究動機

　　伏犧畫卦，本自仰觀俯察而來，《易》辭亦據觀象而繫，元人黃澤《易學濫觴》有云：「學《易》者當明象，此確然不易之論」，〔註1〕又云：「象學不明，則如制器無尺度，作樂無律呂，舟車無指南，自然差錯。」〔註2〕象學之重要性如此，是知學《易》必始於觀象，而言及觀象、明象，歷代《易》家中首推漢末三國之際的虞翻，以其在此領域造詣非凡，後世《易》家多視虞翻爲兩漢象數《易》學之集大成者，又其取象多方，富於變化，在象數條例上多所創獲，因此近人李證剛、張承緒等皆以爲欲明象，當自虞氏之《易》注始，張承緒云：

> 舍象無可言《易》，《易》在釋明象意，以見眞理，息息與四聖心易相通，然此非虞注莫屬。……蓋《易》以道陰陽，出乾入坤，剝復相倚，非伏義畫卦，不能啓其祕；非文周繫辭，不能抉其精；非孔子象傳，不能窺其概；非虞氏《易》義，曲折揭明，無以會其通而悟其妙。漢初田何治《易》能得商瞿意，轉傳孟氏，說較詳，至仲翔隱義全揭，孔融善其書，稱爲商瞿後絕作。〔註3〕

〔註1〕　（元）黃澤撰：《易學濫觴》（台北：老古文化事業股份有限公司，1994年12月），頁5。

〔註2〕　（元）黃澤撰：《易學濫觴》，頁37。

〔註3〕　張承緒著：《周易象理證・序》（台北：武陵出版有限公司，1991年6月），頁15～16。

又清儒張惠言《周易虞氏義‧序》云：

> 清之有天下百年，元和微士惠棟始考古義，孟、京、荀、鄭、虞氏，
> 作《易漢學》，又自爲解釋曰《周易述》，……其所述大氐宗禰虞
> 氏。……翻之學既世，又具見馬、鄭、荀、宋氏書，考其是否，故
> 其義爲精，又古書亡，而漢魏師說可見者十餘家，然唯鄭、荀、虞
> 二家略有梗概可指說，而虞又較備，然則求七十子之微言，田何、
> 楊叔、丁將軍之所傳者，舍虞氏之注，其何所自焉。〔註4〕

張惠言亦認爲欲求古聖賢所傳《易》學之微言大義，需從虞氏之注著手，以
其有家學淵源，又親見當時各《易》家之書，故其說較諸家精當且完備。

车宗三先生指出：

> 自田何到孟喜再至虞翻是漢《易》之正宗。京氏後起，且無可述之
> 傳受者；費氏本人無訓說，則雖鄭、荀據相傳爲費氏《易》，然亦直
> 是鄭、荀巳耳。是故傳漢《易》之衣缽者，厥爲虞翻。〔註5〕

车先生是從學派之傳承點出虞翻之重要性。田何爲漢初最先傳《易》之人，
故當時以《易》名家者，皆本之田何，自田氏以下，西漢以孟喜、京房一派
爲主流，至東漢末年，馬融、鄭玄、荀爽等人雖傳費氏《易》，然就整個東漢
時期來說，仍以治孟氏、京氏《易》學爲多，且鄭玄最初亦是以京氏《易》
入門，至如虞翻則五世傳孟氏《易》，其學有本有源，因此從兩漢《易》學傳
承來看，自田何、孟喜、京房、虞翻是一條漢《易》發展的主線，而此四位
《易》學家在《易》學史上，皆佔一關鍵之地位，田何爲漢初第一位傳《易》
之人、孟喜首開漢代象數《易》學、京房集陰陽災異說之大成、虞翻則總結
前人之說，集兩漢象數《易》學之大成。所以，虞翻的確是傳漢代《易》學
之衣缽者，又古書亡逸，漢《易》之說多賴唐人李鼎祚所輯《周易集解》保
存，其中又以虞氏之注最多，故欲明漢《易》者，實可由虞氏之注入手，以
爲門徑。更何況不論是就「學《易》之方法」（明象爲本）、「學派之傳承」（漢
《易》正宗）或是「學術之成就」（集漢《易》大成）各方面來考察，虞翻之
《易》學皆是值得我們整理研究之對象。

〔註4〕 （清）張惠言著：《周易虞氏義》，收入於（清）阮元編刊、（民國）王進祥重
編：《皇清經解（一）》（台北：漢京文化事業有限公司，無註明出版年月）卷
1218，頁462。

〔註5〕 牟宗三著：《周易的自然哲學與道德函義》（台北：文津出版社，1998年8月，
初版2刷）首章「漢之天人感應下的易學」，頁28。

第二節　研究目的

林忠軍在《象數易學發展史》中曾評論虞氏《易》學云：

> 虞翻全面地總結和囊括了西漢以來象數《易》學研究成果，創立了
> 《易》學史上規模宏大、體系完備、影響至深的象數《易》學。在
> 這個意義上說，虞氏《易》學是兩漢象數《易》學的最高成就，它
> 標志著兩漢《易》學的完善和終結。〔註6〕

虞氏《易》學之地位與重要性既如前人所論，而「卦變」與「旁通」爲虞氏
《易》學內容中心所在，但有關「卦變」與「旁通」其實仍有許多問題尚未
釐清，諸如卦變中之變例該如何解釋，虞翻爲何對某些卦採不同之方法而不
用正例？虞氏卦變系統中是否有「一陰一陽之例」？「旁通」之具體作用如
何？又「卦變」與「旁通」兩者構成什麼關係？類此一連串之問題都是本文
所要探討的。因此，本文之研究目的是想要試著釐清一些關鍵問題，並尋出
虞氏卦變與旁通之法則，熟悉虞翻常用之象數條例，明白其解卦之方式與特
點，以及其解《易》背後之觀念，期能藉此研究對虞氏《易》學有更進一步
之理解。

第三節　研究方法

首先，在生平方面，本文從史料、類書與前人之研究中，列出「虞氏世
系圖」，推測其家族是否曾有重大之演變，比如遷居或是隱居等，再從虞翻交
遊、論談之資料，將其生平作一簡略之分期，而從虞翻後代子孫之發展，亦
可察出虞氏家學傳承之情況。著作方面則探討其《易》注之成書時間、著作
動機以及當時評價。

其次，爲了釐清上文所列「卦變」與「旁通」等問題，因此，本文在篇
章之安排上則以「卦變」和「旁通」爲主，兩者各分列一章，其他虞翻常用
之象數條例則穿雜其中，不再另闢專章論述。而本文探討問題之方式，即是
以這兩大問題爲主軸，再向外延伸。

最後，本文撰寫所用之原典資料以唐人李鼎祚《周易集解》所輯虞氏之
注爲主，再試著從歷代《易》家著作，以及《藝文類聚》、《太平御覽》等類

〔註6〕林忠軍著：《象數易學發展史（第一卷）》（濟南：齊魯書社，1994年7月）第
　　　　三編第四章〈虞翻象數易學（下）〉，頁245。

書中檢索，搜查其中是否有引用到虞翻之說，期能儘量收輯虞翻之《易》注，
因爲任何一條逸文皆有可能是解決問題之關鍵。另外，本文在參考資料上，
多以清人之研究爲主，如惠棟《周易述》、張惠言《周易虞氏易》、《周易虞氏
消息》、李道平《周易集解纂疏》、黃瓚《周易漢學通義》等，再配合今人有
關虞氏《易》學之相關著作，以進行本文之撰述。

第二章　虞翻之生平與著作

第一節　生平經歷及生卒年問題

一、生平經歷

虞翻（西元 170～239 年，「翻」又作「飜」），字仲翔，會稽餘姚人，爲漢末三國初期之經學家。其上漢獻帝之奏書有云：

> 臣高祖父故零陵太守光，少治孟氏《易》，曾祖父故平輿令成，續述
> 其業，至臣祖父鳳爲之最密。臣亡考故日南太守歆，受本於鳳，最
> 有舊書，世傳其業，至臣五世。〔註1〕

虞翻於此自道家世，其父爲日南太守虞歆、祖父爲虞鳳、曾祖父爲平輿令虞成、高祖父爲零陵太守虞光；從虞光至虞翻共五代，皆傳孟氏《易》。由於史料缺略，因此關於虞光、虞成、虞鳳、虞歆之生平事蹟，均不可考，獨虞歆尙有零星資料散於古籍。《北堂書鈔》注中引《會稽典錄》云：「虞歆，字文肅，歷郡守，節操高厲。魏曹植爲東阿王，東阿先有三十碑銘，多非實，植皆毀除之，以歆碑不虛獨全焉。」〔註2〕又建安七子之一的陳琳在〈檄吳將校部曲文〉提到：

〔註 1〕 參（晉）陳壽撰、（南朝宋）裴松之注、（民國）楊家駱主編：《新校本三國志》
　　　　（台北：鼎文書局，1997 年 5 月，9 版）卷 57，〈虞、陸、張、駱、陸、吾、
　　　　朱傳〉中裴注所引〈翻別傳〉，頁 1322。
〔註 2〕 （唐）虞世南撰、（明）陳禹謨補註：《北堂書鈔》（台北：臺灣商務印書館，
　　　　1985 年 6 月，景印文淵閣四庫全書本，第 889 冊）卷 102，頁 500 下。

> 丞相深惟江東舊德名臣，多在載籍：近魏叔英秀出高峙，著名海内；
> 虞文繡砥礪清節、耽學好古。……聞魏周榮、虞仲翔各紹堂構，能
> 負析薪。〔註3〕

「虞文繡」即虞歆，〔註4〕《會稽典錄》作「文廟」，清人侯康以爲當作「文繡」，《文選・吳都賦》注又作「文秀」。〔註5〕由上文所引兩段資料可知，虞歆任官之行事作風乃重實不虛，並具清高之節操，又潛心學問、上慕古人，爲當時江東名士，尤以德行見稱，而其子虞仲翔（翻）能擔負重任、承繼父業。

若再往上追溯，虞氏之遠祖可推原至帝舜，《會稽志》卷三有記載：

> 虞氏帝舜之後，商有虞仲，實出太王之後，子孫亦氏虞。史記有趙
> 相虞卿、漢有虞延、吳有會稽虞翻、及唐虞世南，望出會稽、陳留。
>
> 〔註6〕

此處指出，虞氏乃帝舜之後裔，出自會稽、陳留二望，〔註7〕並列舉虞氏名賢數人，可見虞氏之源久矣。又《廣西通志》卷五十於「零陵太守」虞光、「日南太守」虞歆底下分別注云：「會稽餘姚人」。〔註8〕虞氏既爲江東吳國之舊姓，因而可以推測，虞翻先祖或許已長期定居於會稽餘姚縣，未嘗遷徙他方。

虞翻因家學淵源，耳濡目染，自然對《周易》植下深厚之基礎，再加上後天之努力學習，終能將其家學發揚光大。以下即根據《三國志》、《資治通鑑》，參以《太平御覽》、《冊府元龜》等類書，對虞翻之生平作一簡要之敘述：

〔註3〕 （梁）蕭統編、（唐）李善注：《文選》（台北：華正書局有限公司，1995 年
10 月）卷44，頁 622 下。

〔註4〕 清人何焯云：「文繡之名，注家未及詳。〈翻別傳〉自敘云：『臣亡考日南太守
歆』。」參（清）何焯撰、蔣維鈞編：《義門讀書記》（台北：臺灣商務印書館，
1985 年 2 月，景印文淵閣四庫全書本，第 860 冊）卷 28，頁 383 下。

〔註5〕 （清）侯康撰：《三國志補注續》（北京：中華書局，1985 年，叢書集成初編
本），頁 78。

〔註6〕 （宋）施宿等撰：《會稽志》（台北：臺灣商務印書館，1984 年 7 月，景印文
淵閣四庫全書本，第 486 冊），頁 70 下。

〔註7〕 《廣韻》則載虞氏出會稽、濟陽二望。參（宋）陳彭年等重修、（民國）林尹
校訂：《新校正切宋本廣韻》（台北：黎明文化事業股份有限公司，1996 年 11
月），頁 72。

〔註8〕 （清）金鉷等監修、錢元昌等纂：《廣西通志》（台北：臺灣商務印書館，1985
年 8 月，景印文淵閣四庫全書本，第 566 冊），頁 438 下、439 下。

　　虞翻年少時即好學有聲聞，〔註9〕王朗（？～228 年）任會稽太守時，以翻爲功曹。建安元年（西元 196 年）孫策征會稽，翻以朗力不能拒且策善用兵，勸朗避策。朗不從，舉兵拒戰，敗績遁走，翻隨營護朗，浮海至東冶；孫策又趁機追擊，大破朗軍，朗乃降，策以朗答辭儒雅謙讓而不殺害。〔註10〕

　　後孫策自領會稽太守，復任虞翻爲功曹，待之以朋友之禮，親臨其家。孫策喜好出遊打獵，翻嘗諫曰：

> 明府用烏集之眾，驅散附之士，皆得其死力，雖漢高帝不及也。至
> 於輕出微行，從官不暇嚴，吏卒常苦之。夫君人者不重則不威，故
> 白龍魚服，困於豫且，白虵自放，劉季害之，願少留意。〔註11〕

虞翻以白龍化魚傷目，及白蛇自放被斬之典故，曉策以「君子不重則不威」之理，策以翻言爲是，然終不能改。建安五年（西元 200 年），孫策遊獵遇刺，因傷勢過重不治。

　　虞翻博學洽聞，然非一文弱書生，自云擅長用矛，日可步行三百里，士卒無有過之者。〔註12〕翻從孫策征討四方以來，每能不負使命，佐策平三郡、定豫章、守會稽，允文允武，有功於吳，聲名著於當時。曹操挾漢獻帝以自重，嘗召翻爲侍御史，任司空時又辟之。《吳書》載：「翻聞曹公辟，曰：『盜跖欲以餘財污良家邪？』遂拒不受。」〔註13〕可見，虞翻目曹氏之行徑猶如

〔註 9〕　《三國志》裴注引《吳書》曰：「翻少好學，有高氣。年十二，客有候其兄者，不過翻，翻追與書曰：『僕聞虎魄不取腐芥，磁石不受曲鍼，過而不存，不亦宜乎！』客得書奇之，由是見稱。」參楊家駱主編：《新校本三國志》卷 57，頁 1317。

〔註 10〕　王朗之答辭見《冊府元龜》卷 441。參（宋）王欽若、楊億等奉敕撰：《冊府元龜》（臺北：臺灣商務印書館，1985 年 6 月，景印文淵閣四庫全書本，第909 冊），頁 624 上。

〔註 11〕　楊家駱主編：《新校本三國志》卷 57，頁 1318。

〔註 12〕　《三國志》裴注引《吳書》作「二百里」，而蕭氏、郝氏《續後漢書》及《太平御覽》、《冊府元龜》等，皆作「三百里」；又《三國志旁證》引殿本《考證》云：「元本『二』作『三』。」今從之。參（宋）蕭常撰：《續後漢書》（臺北：臺灣商務印書館，1984 年 3 月，景印文淵閣四庫全書本，第 384 冊）卷 34，頁 600 上；（元）郝經撰：《續後漢書》（景印文淵閣四庫全書本，第 385 冊）卷 65 下下，頁 600 上；（宋）李昉等奉敕撰：《太平御覽》（臺北：臺灣商務印書館股份有限公司，1997 年 7 月）卷 353，頁 1754 上；（宋）王欽若、楊億等奉敕撰：《冊府元龜》（景印文淵閣四庫全書本，第 914 冊）卷 725，頁726 下；（清）梁章鉅撰：楊耀坤校訂：《三國志旁證》（福州：福建人民出版社，2000 年 6 月）卷 29，頁 782。

〔註 13〕　楊家駱主編：《新校本三國志》卷 57，頁 1320。

漢賊，故堅守志節，不爲所動。

　　孫策死後，弟孫權代其位，命虞翻爲騎都尉。翻生性耿直，屢犯顏諫爭，孫權不悅；又不從流俗，多遭毀謗。據《冊府元龜》記載，呂蒙爲左護軍虎威將軍，代魯肅屯陸口時（西元 217 年），翻以直言犯上，被放於丹陽涇縣。〔註14〕後呂蒙謀取關羽，佯稱病篤回建業，「以翻兼知醫術，請以自隨，亦欲因此令翻得釋也。」〔註 15〕虞翻獲釋後，佐呂蒙破取南郡。及關羽兵敗（西元 219 年），遁走，孫權命翻卜筮，遇節之臨，虞翻占曰：「不出二日，必當斷頭。」〔註16〕果如其言。孫權曰：「卿不及伏羲，可與東方朔爲比矣。」〔註17〕由此可知，虞翻亦精通卜筮之術。

　　魏文帝黃初二年（西元 221 年）孫權受封爲吳王。某日，孫權宴飲群臣，起身向眾人敬酒，虞翻佯醉，伏地不起；及其離去，翻又回坐。〔註18〕孫權大怒，順手取劍欲殺之，幸劉基及時抱權諫爭，翻方得免。異時，孫權與張昭正在討論有關神仙之事，虞翻因酒後而直言不諱，指著張昭說：「彼皆死人，而語神仙，世豈有仙人邪！」〔註 19〕此時孫權再也無法忍受，先前累積之怒氣，一齊發出，於是將虞翻流放至交州。虞翻遂於當地講學，不厭不倦，門徒有數百人，嘗云：「自恨疏節，骨體不媚，犯上獲罪，當長沒海隅，生無可與語，死以青蠅爲弔客，使天下一人知己者，足以不恨。」〔註 20〕在南海教學十餘年，「以典籍自慰，依《易》設象，以占吉凶」，〔註21〕年七十卒。

　　虞翻有十一子，以第四子虞汜最有名。民國裴占榮曾據《三國志》、《晉書》作「虞氏世系表」，〔註22〕今依此表，稍作增補，繪「虞氏世系圖」。（參

〔註14〕參（宋）王欽若、楊億等奉敕撰：《冊府元龜》（景印文淵閣四庫全書本，第917 冊）卷 870，頁 411 下。

〔註15〕楊家駱主編：《新校本三國志》卷 57，頁 1320。

〔註16〕楊家駱主編：《新校本三國志》卷 57，頁 1320。《太平御覽》卷 366 引《吳錄》曰：「關羽走，孫權使虞翻筮之，曰：『必當斷頭，傷其耳』，果如翻言。」與此處相較，多傷耳一事；又同書卷 727「二日」作「三日」，未知孰是。參（宋）李昉等奉敕撰：《太平御覽》，頁 1812 下、3355 上。

〔註17〕楊家駱主編：《新校本三國志》卷 57，頁 1320。

〔註18〕《資治通鑑》注云：「翻爲是者，所以諫也。」參（宋）司馬光編著、（元）胡三省音注：《資治通鑑》（北京：中華書局，1996 年 7 月）卷 69，頁 2199。

〔註19〕楊家駱主編：《新校本三國志》卷 57，頁 1321。

〔註20〕參裴注所引〈翻別傳〉。楊家駱主編：《新校本三國志》卷 57，頁 1323。

〔註21〕參裴注所引〈翻別傳〉。楊家駱主編：《新校本三國志》卷 57，頁 1323。

〔註22〕裴占榮編：〈虞仲翔先生年譜〉，《國立北平圖書館館刊》第 7 卷第 1 號（1933

本章附錄）由此圖得見虞翻家族，上下十一世，清楚可尋。翻第四子氾、第五子忠、第六子聳、第八子昺，以上四人之事蹟俱見《三國志》裴注所引《會稽典錄》，而《會稽典錄》之作者即翻之曾孫虞預。虞潭、虞喜、虞預在《晉書》有傳，虞悰見於《南齊書》，其餘之名在史料中則點到爲止。又虞翻之長子容，則是根據《太平御覽》引翻之家書得知。〔註23〕

從史傳中可知，虞翻後世之子孫於德行、政治亦多有可觀，無愧虞氏先祖。《會稽志》卷九引孔曄〈會稽記〉云：

> 昔虞飜嘗登此山（指餘姚縣靈緒山）望四郭，誡子孫曰：「可留江北居，後世祿位當過於我，聲名不及爾。然相繼代興，居江南必不昌。」〔註24〕

《水經注》亦記載：「……然住江北者，相繼代興，時在江南者，輒多淪替，仲翔之言，爲有徵矣。」〔註25〕是知虞翻不但精於《易》學、醫術、卜筮，並且兼通堪輿地理之學，其博學多方於此可見。

總上所述，虞翻之生平經歷，約可概括爲三個時期：1.「好學有聲」之苦學時期；2.「半生戎馬」之軍旅時期；3.「交州講學」之罪放時期。據學者研究，虞翻於交州講學，對當地教育事業之提升以及儒學文化之傳播，皆有相當大之貢獻。〔註26〕相傳今廣州光孝寺即當日虞翻講學論《易》之遺址。此寺歷史悠久，最初爲西漢南越王趙建德王府，虞翻被貶交州即寓居於此，其後身歿，妻子得以北還，遂捨此宅爲寺，唐時稱法性寺，即禪宗六祖慧能以「非風動幡動，乃仁者心動」一語驚人之處，今爲廣州名勝。〔註27〕

年1、2月），頁53。

〔註23〕虞翻與弟書曰：「長子容，當爲求婦，其父如此，誰肯嫁之者？造求小姓，足使生子，天其福人，不在舊族：楊雄之才，非出孔氏。芝草無根，醴泉無源，家聖受禪，父嚚母頑，虞家世法出癡子。」參（宋）李昉等奉敕撰：《太平御覽》卷541，頁2583。

〔註24〕（宋）施宿等撰：《會稽志》，頁184。

〔註25〕（後魏）酈道元撰：《水經注》（臺北：臺灣商務印書館，1984年10月，景印文淵閣四庫全書本，第573冊）卷29，頁450上。

〔註26〕參何成軒著：《儒學南傳史》（北京：北京大學出版社，2000年6月）第四章〈儒學在嶺南的初傳〉，頁61～130。

〔註27〕參（清）郝玉麟等監修、魯曾煜等編纂：《廣東通志》（臺北：臺灣商務印書館，1984年10月，景印文淵閣四庫全書本，第564冊）卷54，頁572下；余桂元：《中國的著名寺廟、宮觀與教堂》（北京：商務印書館，1991年12月），頁18～20。

二、生卒年問題

《三國志》虞翻本傳載其「在南十餘年，年七十卒。歸葬舊墓，妻子得還。」〔註28〕而有關虞翻之生卒年，說法不一，大致有以下四種看法：

（一）漢桓帝延熹六年至吳大帝嘉禾元年（163～232）

《三國志·吳主傳》有載：「嘉禾元年（西元 232 年）……三月遣將軍周賀、校尉裴潛乘海之遼東。秋九月，魏將田豫要擊，斬賀于成山。」〔註29〕據《資治通鑑》記載，吳主此次遣將入遼東之目的是「從公孫淵求馬」。〔註30〕時虞翻在交州得知此事，以爲不可。《吳書》曰：

> 翻雖在徙棄，心不忘國，常憂五谿宜討，以遼東海絕，聽人使來屬，尚不足取，今去人財以求馬，既非國利，又恐無獲。欲諫不敢，作表以示呂岱，岱不報，爲愛憎所白，復徙蒼梧猛陵（亦屬交州）。〔註31〕

又《江表傳》曰：

> 後權遣將士至遼東，於海中遭風，多所沒失，權悔之，乃令曰：「昔趙簡子稱諸君之唯唯，不如周舍之諤諤。虞翻亮直，善於盡言，國之周舍也。前使翻在此，此役不成。」促下問交州，翻若尚存者，給其人船，發遣還都；若以亡者，送喪還本郡，使兒子仕宦。會翻已終。〔註32〕

根據以上資料，其中《江表傳》「會翻已終」四字，說明了虞翻卒於西元 232 年，宋司馬光《資治通鑑》將虞翻之卒年繫於吳嘉禾元年，即依此。

（二）漢桓帝延熹七年至吳大帝嘉禾二年（164～233）

嘉禾元年九月周賀、裴潛爲魏將田豫伏兵所斬後，冬十月，魏遼東太守公孫淵遣校尉宿舒、閬中令孫綜稱臣於吳，孫權大悅，於是嘉禾二年（西元 233 年）三月，孫權「遣舒、綜還，使太常張彌、執金吾許晏、將軍賀達等將兵萬人，金寶珍貨，九錫備物，乘海授淵。」〔註33〕公孫淵斬張彌、許晏等，盡沒其兵資、珍寶。而前人亦根據《江表傳》，以爲虞翻當卒於此年。如劉沅

〔註28〕楊家駱主編：《新校本三國志》卷 57，頁 1324。
〔註29〕楊家駱主編：《新校本三國志》卷 47，頁 1136。
〔註30〕（宋）司馬光編著、（元）胡三省音注：《資治通鑑》卷 72，頁 2276。
〔註31〕楊家駱主編：《新校本三國志》卷 57，頁 1324。
〔註32〕楊家駱主編：《新校本三國志》卷 57，頁 1324。
〔註33〕楊家駱主編：《新校本三國志》卷 47，頁 1138。

甫《史存》、康發祥《三國志補義》、吳榮光《歷代名人年譜》，錢大昕《疑年錄》等皆是。〔註34〕

（三）漢靈帝建寧三年至吳大帝赤烏二年（170～239）

此一說法，應是依據〈翻別傳〉，其文云：

> 權即尊號，翻因上書曰：「陛下膺明聖之德，體舜、禹之孝，歷運當期，順天濟物。奉承策命，臣獨拊舞。罪棄兩絕，拜賀無階，仰瞻宸極，且喜且悲。臣伏自刻省，命輕雀鼠，性輯毫氂，罪惡莫大，不容於誅，昊天罔極，全宥九載，退當念戮，頻受生活，復偷視息。臣年耳順，思答憂憤，形容枯悴，髮白齒落，雖未能死，自悼終沒，不見宮闕百官之富，不睹皇輿金軒之飾，仰觀巍巍眾民之謠，傍聽鍾鼓侃然之樂，永隕海隅，棄骸絕域，不勝悲慕，逸豫大慶，悅以忘罪。」〔註35〕

孫權稱帝，改元黃龍，時為西元229年，而虞翻自稱「臣年耳順」，即六十歲；又虞翻卒年七十，故其身歿之年當為西元239年，清人姚振宗即主此說。另外，從「全宥九載」一句看來，此時虞翻似乎已至交州九年，由此推測，其被放交州當在西元221年（魏文帝黃初二年），大約在佯醉取怒於孫權後，不久即發生指張昭論神仙之事，則虞翻處交州之歲月共十九年。〔註36〕

（四）漢靈帝熹平元年至吳大帝赤烏四年（172～241）

裴占榮所編〈虞仲翔先生年譜〉反對前人依《江表傳》推測虞翻卒於吳嘉禾元年（西元232年）或嘉禾二年（西元233年）之看法，指出裴松之注《三國志》所引五、六十部書中，唯《江表傳》多有謬誤，不全然可信。其推測虞翻卒於西元241年，主要是根據吳太子孫登（西元209～241年）臨終前所上之奏疏，疏中列舉當朝群臣，提到「蔣脩、虞翻，志節分明」，〔註37〕可見孫登臨終前，虞翻尚在。裴占榮以為虞翻曾任太子孫登之師傅，但可能為時不久即罪放交州，孫登生前營救不得，故臨死不忘為師求情，因此孫權方赦免虞翻之罪，而適虞翻已卒。且《會稽典錄》曰：「（虞）氾字世洪，生

〔註34〕參裴占榮編：〈虞仲翔先生年譜〉，頁69。
〔註35〕楊家駱主編：《新校本三國志》卷57，頁1322。
〔註36〕以上乃根據姚振宗之說。參盧弼著：《三國志集解》（北京：中華書局，1982年12月）卷57，頁1049下。
〔註37〕楊家駱主編：《新校本三國志》卷59〈吳主五子傳〉，頁1365。

南海，年十六，父卒，還鄉里。」〔註38〕若虞翻卒於西元 232 或 233 年，則自其被貶（西元 221 年）至身歿，僅有十二、三年，與《會稽典錄》記載不通。〔註39〕然而，如依裴氏所說，虞翻卒於西元 241 年，則其處交州之時間超過二十年，又與本傳所載「在南十餘年」不合；且孫登疏中此段文字，清人已有疑之者，〔註40〕儘管裴氏多方引證，但仍未必令人信服。

以上各種說法之不同，最主要的原因在於裴注所引各書本身即有衝突、矛盾之處。《江表傳》之作者爲虞溥，生卒年不詳，約晉武帝泰始元年（西元265 年）前後在世，年六十二。〔註41〕《會稽典錄》之作者爲虞預，此前文已提及，其生卒年亦不詳，約晉元帝建武元年（西元 317 年）前後在世。〔註42〕至於〈翻別傳〉之作者則不知爲何人。且不論何書較爲可信，依常理推之，虞預爲虞翻之曾孫，其記載有關虞氏家族人員之事蹟，謬誤之處應當較少。因此，依目前所存資料作判斷，關於虞翻生卒年之問題，應以清人姚振宗之說較符合事實，故當定爲西元 170～239 年。

第二節　虞翻著作及版本概述

一、虞翻之著作

虞翻除了作《周易注》外，其它有關《易》學之著作尚有《周易日月變例》、《周易集林律曆》、《易律曆》，並且曾注解《周易參同契》〔註43〕及《太玄經》。〔註44〕而虞氏之著述並不局限於《易》學方面，《三國志》載其「又

〔註38〕楊家駱主編：《新校本三國志》卷 57，頁 1327。

〔註39〕以上裴氏之說皆見其所編：〈虞仲翔先生年譜〉，頁 65～73。

〔註40〕清人陳浩曰：「下云『此皆陛下日月所照，選置臣宮，得與從事』，則疏內所指之人，皆青宮賓客，而虞翻未嘗廁跡宮僚，且歿于交州已十餘年，登疏胡爲及之？此『虞翻』二字疑誤。」（清）梁章鉅撰；楊耀坤校訂：《三國志旁證》卷 30，頁 808。

〔註41〕譚正璧編：《中國文學家大辭典》（上海：上海書店，1985 年 10 月），頁 92。

〔註42〕譚正璧編：《中國文學家大辭典》，頁 131。

〔註43〕唐陸德明《經典釋文·周易音義》「易」字下曰：「虞翻注《參同契》云：『字從日下月。』」阮元校勘記指出，宋本「月」字後有「正从日勿」四字。參（魏）王弼、（晉）韓康伯注、（唐）孔穎達疏：《周易正義》（台北：藝文印書館，1997 年 8 月，十三經注疏本），頁 194 上、209 上。

〔註44〕〈翻別傳〉記載虞翻「以宋氏（忠）解玄（太玄經）頗有繆錯，更爲立法，并著《明楊釋宋》以理其滯」。清人梁章鉅引殿本《考證》提到宋本「立法」

為《老子》、《論語》、《國語》訓注，皆傳於世。」〔註45〕又唐明皇在〈孝經序〉提到：「今故特舉六家之異同，會五經之旨趣」，〔註46〕以成《孝經注》，而虞翻為唐明皇所指六家之一，故知其亦嘗為《孝經》作注。另外，文集方面有《虞翻集》。惜乎以上所述多種虞氏著作，除《國語注》與《周易注》後人有輯本外，餘皆不傳。

今就《經典釋文》、《隋書・經籍志》、《舊唐書・經籍志》、《新唐書・藝文志》與《宋史・藝文志》所記錄之虞翻著作，列之如下：（符號"○"表示有著錄，"△"表存疑，卷數不同者，另外標出）

	釋文敘錄	隋　志	舊唐志	新唐志	宋　志
《周易注》9 卷	10 卷	○	○	○	
《周易日月變例》6 卷		○			
《周易集林律曆》1 卷		○		○	
《易律曆》1 卷		○	△	△	△
《周易參同契注》					
《揚子太玄經注》14 卷		○	○	○	
《老子注》2 卷	○	○			
《論語注》10 卷	○	○			
《春秋外傳國語注》21 卷		○	○	○	
《孝經注》					
《虞翻集》3 卷		○〔註47〕	○	○	

其中《老子注》及《論語注》，《隋書・經籍志》已標明亡佚，二書在當時已不可見。《易律曆》一卷，新舊唐志雖皆有著錄，但無註明是何人所作；

作「立注」。參楊家駱主編：《新校本三國志》卷 57，頁 1323；梁氏所撰：《三國志旁證》卷 29，頁 783。
〔註45〕楊家駱主編：《新校本三國志》卷 57，頁 1321～1322。
〔註46〕唐玄宗明皇帝御注、（宋）邢昺疏：《孝經注疏》（台北：藝文印書館，1997年 8 月，十三經注疏本），頁 8 下。
〔註47〕《隋書・經籍志》載：「後漢侍御史《虞翻集》二卷。」注云：「梁三卷，錄一卷。」參（唐）魏徵等撰：《隋書》（北京：中華書局，1997 年 11 月）卷 35，頁 272。

《宋史·藝文志》載:「虞翻注《京房周易律曆》一卷」,〔註48〕宋人王欽臣《王氏談錄》云:「《京氏律曆》一卷,虞翻爲之解。其書雖存,學者罕究。公(指其父王洙)從秘府傳其書,究習遂通,屢以占卦,甚效。」〔註49〕可見此乃專言占象、卜筮之書,然《宋史·藝文志》所指爲《周易集林律曆》或《易律曆》?抑或別自一書?清人姚振宗《三國藝文志》云:

> 按:此(指《周易集林律曆》)似即所注《京氏易律曆》,然效《隋志》分別著錄,而書名各異;證以〈別傳〉所云「依《易》設象,占吉凶」之言,似仲翔氏別有自撰之書。〔註50〕

可見《隋書·經籍志》載虞翻所撰之《易律曆》,姚氏認爲即虞翻所注《京氏易律曆》。由此推測,《易律曆》、《京氏易律曆》、王欽臣所稱《京氏律曆》及《宋史·藝文志》所錄《京房周易律曆》,當指同一書,爲西漢京房所作,而虞翻曾注解此書。另外,虞翻之《國語注》,清人馬國翰《玉函山房輯佚書》、黃奭《黃氏逸書考》、王仁俊《玉函山房輯佚書續編》各輯有一卷;至於有關虞翻《周易注》之輯本則詳後文。

虞翻以《易》名家,當屬《周易注》最爲人所知,以下則略述其成書時間、撰寫動機及當時之評價。

(一)成書時間

史傳典籍並無明確記載虞翻《易》注成於何時,但仍可依據一些資料,推測其成書之大約時期。虞氏處漢末三國之際,因而有機會目睹荀爽、馬融、宋忠、鄭玄等《易》學家之著作。宋人邢昺於《孝經注疏》中曾列舉十二條證據,欲辨明鄭玄未嘗注《孝經》,其中第一條提到:「據鄭自序云:『……爲袁譚所逼,來至元誠(當作城),乃注《周易》。』」〔註51〕依《後漢書》記載,此年爲建安五年(西元200年),而鄭玄於此年六月卒,是鄭氏於去世前抱病完成《易》注。〔註52〕

〔註48〕 (元)脱脱等撰:《宋史》(北京:中華書局,1997年11月)卷206,頁1355。

〔註49〕 (宋)王欽臣撰:《王氏談錄》(台北:臺灣商務印書館,1984年10月,景印文淵閣四庫全書本,第862冊),頁580下。

〔註50〕 參「適園叢書」,收入於俞子林、林國華策劃組織:《叢書集成續編》(上海:上海書店,1994年6月)第66冊,頁889下～890上。

〔註51〕 唐玄宗明皇帝御注、(宋)邢昺疏:《孝經注疏》,頁5上。

〔註52〕 參(南朝宋)范曄撰、(唐)李賢等注、(民國)楊家駱主編:《新校本後漢書》(台北:鼎文書局,1999年4月,2版1刷)卷35,〈張、曹、鄭列傳〉,頁

　　而在虞翻完成《易》注所上之奏章中，曾經批評鄭玄解《易》之說，因此，其《周易注》之成書當在建安五年（西元 200 年）之後。又虞翻曾示孔融以所著《易》注，融亦回書與翻，而孔融於建安十三年（西元 208 年）為曹操所殺。據此推測，虞氏之《易》注當完成於建安五年之後、十二年之前（即西元 200～208 年之間）。陸侃如將孔融作書與虞翻之事，繫於建安八年（西元 203 年），〔註53〕因此，若將虞氏《周易注》成書時間界定在此年，應是頗合理的。

（二）著作動機

　　〈翻別傳〉記載虞翻初成《易》注，隨即上書於漢獻帝，其文曰：

> 臣聞六經之始，莫大陰陽，是以伏羲仰天縣象而建八卦，觀變動六爻為六十四，以通神明，以類萬物。臣高祖父故零陵太守光，少治孟氏《易》，曾祖父故平輿令成，纘述其業，至臣祖父鳳為之最密。臣亡考故日南太守歆，受本於鳳，最有舊書，世傳其業，至臣五世。前人通講，多玩章句，雖有祕說，於經疏闊。臣生遇世亂，長於軍旅，習經於枹鼓之間，講論於戎馬之上，蒙先師之說，依經立注。又臣郡吏陳桃夢臣與道士相遇，放髮被鹿裘，布易六爻，撓其三以飲臣，臣乞盡吞之。道士言易道在天，三爻足矣。豈臣受命，應當知經！所覽諸家解不離流俗，義有不當實，輒悉改定，以就其正。孔子曰：「乾元用九而天下治。」聖人南面，蓋取諸離，斯誠天子所宜協陰陽、致麟鳳之道矣。謹正書副上，惟不罪戾。〔註54〕

此奏章為虞翻自述其習《易》之經過，以及說明個人的一些看法，總體看來，其注《易》動機可歸納為以下三點：

1. 承繼世傳之業

　　虞翻能在《易》學上有一定高度之成就，此與其家學淵源是分不開的，故首先自述從先祖治孟氏《易》以來，已歷五世之久。而其祖父虞鳳「為之

　　1211。

〔註53〕陸侃如著：《中古文學繫年》（北京：人民文學出版社，1998 年 7 月），頁 346～347。

〔註54〕楊家駱主編：《新校本三國志》卷 57，頁 1322。

最密」、父親虞歆「最有舊書」，〔註55〕可見虞氏治《易》於深度、廣度與書籍資料的收集上皆頗有可觀，因而虞翻能在這基礎上參酌各家《易》說，完成《易》注。此處可留意的是虞翻自道其「蒙先師之說，依經立注」二句，前者表明自己之學說乃有本有源，授受之際，清楚可尋；後者說明其所作《易》注實本之於經，無違宏旨，當可信從。

2. 神聖之使命感

所謂「易道在天，三爻足矣」，指的應是「月體納甲」之法，〔註56〕虞氏以此解說「日月在天成八卦象」，認爲八卦之象本自於天（詳第六章）；而月體納甲所云爲三爻之卦，因此，陳桃夜夢虞翻與道士相遇，吞卦三爻，翻以此夢境來象徵自己是「受命知經」、順天而行，展現了如孔子「承繼斯文」與孟子「捨我其誰」之擔負文化傳承之勇氣與使命。

3. 糾正他家易說

虞翻對於前人講《易》之說，不甚滿意，以爲諸家所解疏闊不實、入於流俗，讀《易》者雖不乏其人，然眞正理解者卻非常稀少。在另一篇奏章中，虞翻也表達了此觀點，同時批評漢末解《易》名家。其文曰：

> 經之大者，莫過於《易》。自漢初以來，海內英才，其讀《易》者，解之率少。至孝靈之際，潁川荀諝（荀爽之別名）號爲知《易》，臣得其注，有愈俗儒，至所說西南得朋，東北喪朋，顛倒反逆，了不可知。孔子歎《易》曰：「知變化之道者，其知神之所爲乎！」以美大衍四象之作，而上爲章首，尤可怪笑。又南郡太守馬融，名有俊才，其所解釋，復不及諝。孔子曰：「可與共學，未可與適道」，豈不其然！若乃北海鄭玄、南陽宋忠，雖各立注，忠小差玄而皆未得其門，難以示世。（〈翻別傳〉）〔註57〕

此處可見，虞翻對荀爽、馬融、鄭玄、宋忠各家皆有所批評，認爲僅有荀爽解《易》不同俗儒，然而亦同他人皆「未得其門，難以示世」。因此，諸家《易》注，於義有不實者，虞翻皆加以改正，此亦是其解《易》動機之一。儘管虞

〔註55〕裴占榮云：「可見（虞翻）當時曾親見各博士之說，乃能折中立義。」參裴氏所編：〈虞仲翔先生年譜〉，頁53。

〔註56〕清儒惠棟云：「在天成象，納甲止據三爻。」參惠氏所撰：《易漢學》（北京：中華書局，1985年，叢書集成初編本）卷3，頁54。

〔註57〕楊家駱主編：《新校本三國志》卷57，頁1322。

氏對各家之批評或有稍過，然亦表明了其對《周易》之理解有異於他家，具獨特之見。

（三）當時評價

虞翻曾致書孔融，並附上其解《易》之作，孔融在閱讀完虞翻之著作後，回信寫道：

> 示所著《易傳》，自商瞿以來舛錯多矣，去聖彌遠，眾說騁辭。嚷聞延陵之理樂，今觀吾君之治《易》，知東南之美者，非但會稽之竹箭焉。又觀象雲物，察應寒溫，推本禍福，與神合契，可謂探賾旁通者已。方世清，聖上求賢者，梁丘以卦筮寧世，劉向以《洪範》昭名，想當來翔，追蹤前烈，相見乃盡，不復多陳。（〈答虞翻書〉）
> 〔註58〕

又吳國張紘致孔融書云：「虞仲翔前頗為論者所侵，美寶為質，彫摩益光，不足以損。」〔註59〕故知孔融、張紘二人對虞氏之《易》注大為讚賞與推崇。孔融當時名重天下，而張紘屬吳之開國大臣，專治京氏《易》，與融相友善，時有書信往來。〔註60〕由此可見，虞氏之著作於當時評價頗高。

二、虞氏《易》注之相關著述及版本

唐人李鼎祚之《周易集解》（一名《李氏易傳》）收集了自漢至唐共三十多家之《易》說，其中又以虞翻一家徵引最多，而李氏所引諸家，原書多已亡佚，則李氏此書之重要性不言而喻。清人李道平在《周易集解》基礎上作《周易集解纂疏》，以疏通此三十多家之《易》解。因此，二書乃欲研究漢代象數《易》者之重要參考書籍，其版本有以下數種：

周　易　集　解（十　七　卷）	
版　　本	說　　明
祕冊彙函本	此本作《易傳》10卷，為明萬曆中刻本
鮑山刻本	明代天啟元年（西元1621）刻

〔註58〕（漢）孔融撰：《孔北海集》（台北：臺灣商務印書館，1985年9月，景印文淵閣四庫全書本，第1063冊），頁240上。
〔註59〕楊家駱主編：《新校本三國志》卷57，頁1320。
〔註60〕楊家駱主編：《新校本三國志》卷53，頁1243～1247。

津逮祕書本	明崇禎毛氏汲古閣刻本
雅雨堂叢書本	此本作《李氏易傳》，為清乾隆 21 年（西元 1756）德州盧氏據宋慶曆本校刻
學津討原本	清嘉慶 10 年（西元 1805）虞山張氏照曠閣刻本
敦怡堂刻木	清同治 12 年（西元 1873）刻
古經解彙函本 （據雅雨堂叢書本刻）	1. 粵東書局刻本：清同治 12 年（西元 1873） 2. 蜚英館石印本：清光緒 14 年（西元 1888） 3. 湘南書局刻本：清光緒 15 年（西元 1889）
無求備齋易經集成本	1. 《周易集解》：1976 年台北成文出版社影印「古經解彙函本（粵東書局刻本）」 2. 《易傳》：1976 年台北成文出版社影印「雅雨堂叢書本」
景印文淵閣四庫全書本	1983 年台北臺灣商務印書館股份有限公司據國立故宮博物院藏本影印
叢書集成初編本	1985 年北京中華書局排印「學津討原本」
周 易 集 解 纂 疏（十 卷）	
李氏有獲齋刻本	此本 36 卷首 1 卷，清道光 22 年（西元 1842）刻
湖北叢書本	清光緒 17 年（西元 1891）三餘草堂刻本
台北廣文書局印行本	1970 年 5 月初版
叢書集成初編本	1985 年北京中華書局排印「湖北叢書本」
無求備齋易經集成本	此本 36 卷首 1 卷，1976 年台北成文出版社影印清光緒 17 年（西元 1891）「長沙思賢講舍刻本」
續修四庫全書本	1995 年上海古籍出版社據清道光刻本影印
北京中華書局潘雨廷點校本	1998 年 12 月 1 版 2 刷，此本以「三餘草堂刻本」為底本，參校「湖北叢書本」與長沙陳寶彝考校之「思賢書局本」

在虞氏《易》注之輯佚方面，分別有清人孫堂輯《周易注》十卷，《附錄》一卷、黃奭輯《易注》一卷、張惠言撰《周易虞氏義》九卷、紀磊《虞氏易義補注》二卷、曾釗《周易虞氏義箋》九卷；民國李翊灼（證剛）撰《周易虞氏義箋訂》，各書版本依次列之如下：

書　　名	版　　本	說　　明
《周易注》10 卷 《附錄》1 卷 （孫堂輯）	漢魏二十一家易注本	清嘉慶 4 年（西元 1799）孫氏映雪草堂刻本
《易注》1 卷 （黃奭輯）	黃氏逸書考 （原名「漢學堂叢書」）	清道光中甘泉黃氏刊本爲原本，更名後有：1. 民國 14 年（西元 1925）王鑒修補印本；2. 民國 23 年（西元 1934）江都朱長圻據甘泉黃氏原版補刊印本
《周易虞氏義》 （張惠言）	張皋文箋易詮全集本	清嘉慶 8 年（西元 1803）揚州阮氏嫏嬛仙館刊
	皇清經解本	清道光 9 年（西元 1829）廣東學海堂刻本
	無求備齋易經集成本	1976 年台北成文出版社影印皇清經解咸豐補刊本（咸豐 10 年，西元 1860）
	大易類聚初集本	1983 年台北新文豐出版公司影印皇清經解道光本
	續修四庫全書本	1995 年上海古籍出版社據復旦大學圖書館藏清嘉慶 8 年（西元 1803）阮氏嫏嬛仙館刻本影印
《虞氏易義補注》 （紀磊）	續修四庫全書本	1995 年上海古籍出版社據復旦大學圖書館藏民國 12 年吳興劉氏嘉業堂刻吳興叢書本影印
《周易虞氏義箋》 （曾釗）	續修四庫全書本	1995 年上海古籍出版社據上海圖書館藏清道光 7 年（西元 1827）面城樓刻本影印
《周易虞氏義箋訂》 （李翊灼）	東北大學工廠印刷本	民國 18 年（西元 1929）

附錄：虞氏世系圖

虞氏世系圖

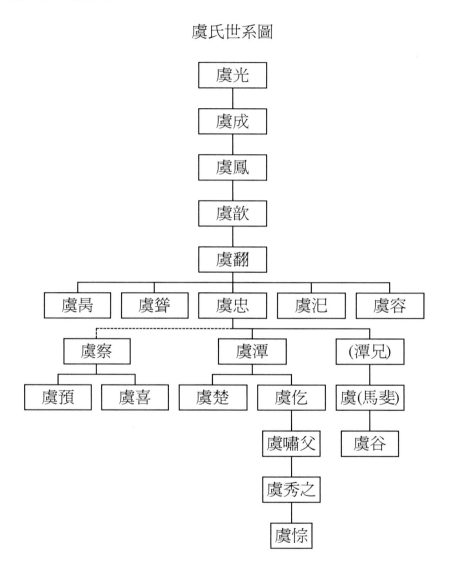

第三章　虞翻《易》學思想淵源

　　清人皮錫瑞云：「凡學不考其源流，莫能通古今之變；不別其得失，無以獲從入之途。」〔註1〕而欲考經學源流，除思想上之辨析外，各學派之傳承與發展亦是不容忽視之問題，尤其虞翻自云五世傳孟氏《易》，則欲明虞氏《易》，孟氏一派之傳承自需辨明，其他各派之流變亦不可不知。因此，本章即從「學派之繼承」與「學說之吸取」兩方面來探討虞翻《易》學之淵源。

第一節　對前代《易》學流派之繼承

一、西漢《易》學之流派

　　關於西漢《易》學之傳承情況，《史記》與《漢書》皆有提及，而《漢書》記載較詳，班固於〈儒林傳〉云：

> 自魯商瞿子木受《易》孔子，以授魯橋庇子庸，子庸授江東駻臂子弓，子弓授燕周醜子家，子家授東武孫虞子乘，子乘授齊田何子裝。及秦禁學，《易》爲筮卜之書，獨不禁，故傳受者不絕也。漢興，田何以齊田徙杜陵，號「杜田生」，授東武王同子中、雒陽周王孫、丁寬、齊服生，皆著《易傳》數篇。同授淄川楊何，字叔元，元光中徵爲太中大夫。齊即墨成，至城陽相。廣川孟但，爲太子門大夫。魯周霸、莒衡胡、臨淄主父偃，皆以《易》至大官，要言《易》者

〔註1〕（清）皮錫瑞撰：《經學歷史》（台北：藝文印書館，1996年8月，初版3刷），頁1。

本之田何。〔註2〕

此段敘述概括了自孔子至漢初傳《易》之情形。班固所述從孔子、商瞿、橋庇、馯臂、周醜、孫虞、田何一脈相承之緒，雖本之《史記·仲尼弟子列傳》和〈儒林列傳〉，但相較之下又略有不同，然而大抵與司馬遷在〈儒林列傳〉所云「孔子卒，商瞿傳《易》，六世至齊人田何」〔註3〕是符合的。田何於史書無傳，晉人皇甫謐《高士傳》記載：

> 田何字子莊，齊人也。自孔子授《易》五傳至何，及秦禁學，以《易》
> 爲卜筮之書，獨不禁，故何傳之不絕。……惠帝時何年老家貧，守
> 道不仕，帝親幸其廬以受業，終爲《易》者宗。〔註4〕

由此可知，漢初時期，田何乃第一位傳《易》之人，漢惠帝甚至親臨其家受學，爲《易》家所尊崇。因此，繼秦火之後，《易》學經典能順利流傳下來，田何功不可沒，是以班固云「要言《易》者本之田何」。而司馬遷《史記·儒林傳》則云「然要言《易》者本於楊何之家」，〔註5〕楊何爲田何之再傳弟子，「以治《易》爲漢中大夫」，〔註6〕司馬遷之父親司馬談之《易》學老師即是楊何。〔註7〕又《漢書·儒林傳贊》云：

> 自武帝立五經博士，開弟子員，設科射策，勸以官祿，訖於元始（平
> 帝年號），百有餘年，傳業者寖盛，支葉藩滋，一經說至百餘萬言，
> 大師眾至千餘人，蓋祿利之路然也。初，《書》唯有歐陽，《禮》后，
> 《易》楊，《春秋》公羊而已。〔註8〕

「《易》楊」二字說明了武帝初置五經博士時，第一位《易經》博士即是楊何。〔註9〕因此，司馬遷所謂「言《易》者本於楊何之家」，是就當時學術之實際

〔註2〕 （漢）班固撰、（唐）顏師古注、（民國）楊家駱主編：《新校本漢書》（台北：鼎文書局，1997年10月，9版）卷88，頁3597。

〔註3〕 （漢）司馬遷撰、（南朝宋）裴駰集解、（唐）司馬貞索隱、張守節正義、（民國）楊家駱主編：《新校本史記》（台北：鼎文書局，1995年10月，9版）卷121，頁3127。

〔註4〕 （晉）皇甫謐撰：《高士傳》（台北：臺灣商務印書館，1984年7月，景印文淵閣四庫全書本，第448冊）卷中，頁100～101。

〔註5〕 楊家駱主編：《新校本史記》卷121，頁3127。

〔註6〕 楊家駱主編：《新校本史記》卷67，〈仲尼弟子列傳〉，頁2211。

〔註7〕 《史記·太史公自序》云：「太史公（指司馬談）學天官於唐都，受《易》於楊何，習道論於黃子。」參楊家駱主編：《新校本史記》卷130，頁3288。

〔註8〕 楊家駱主編：《新校本漢書》卷88，頁3620～3621。

〔註9〕 王國維於〈漢魏博士考〉一文中指出：「《易》之有博士，始於田王孫。」認

情形而言；而班固所說「言《易》者本之田何」，主要是追溯秦漢之際，始傳《易》學之人，二者乃針對不同時期而發，故無矛盾。〔註10〕

自田何以下，《易》學持續發展，陸續產生了許多學派，《漢書・藝文志》云：

> 漢興，田何傳之。訖于宣、元，有施、孟、梁丘、京氏列於學官，而民間有費、高二家之說。劉向以中《古文易經》校施、孟、梁丘經，或脫去「無咎」、「悔亡」，唯費氏經與古文同。〔註11〕

又范曄於《後漢書・儒林傳》將西漢之《易》學傳承與流派作了簡要之概括如下：

> 田何傳《易》授丁寬，丁寬授田王孫，王孫授沛人施讎、東海孟喜、琅邪梁丘賀，由是《易》有「施、孟、梁丘之學」。又東郡京房受《易》於梁國焦延壽，別為「京氏學」。又有東萊費直，傳《易》，授琅邪王橫，為「費氏學」。本以古字，號《古文易》。又沛人高相傳《易》，授子康及蘭陵毋將永，為「高氏學」。施、孟、梁丘、京氏四家皆立博士，費、高二家未得立。〔註12〕

由以上兩段引文可知，西漢《易》學大致可分為「官方《易》學」與「民間《易》學」兩大派，官方有施讎、孟喜、梁丘賀、京房四家；民間則有費直、高相兩家。劉向以中秘府之《古文易經》校對施、孟、梁丘、費氏各家經文後發現，僅有費氏一家與古文合，其餘三家皆有缺漏。因此，民間費氏學屬古文系統，而官方則全屬今文系統。

此外，尚有韓氏《易》一派，《漢書・儒林傳》云：

> 韓嬰，燕人也。孝文時為博士，景帝時至常山太傅。嬰推詩人之意，

為田王孫為漢初第一位《易經》博士，但從《漢書・儒林傳》看來，施讎早年向田王孫學《易》時，田氏尚未成博士，其後為博士，施氏復從田氏學習，並與孟喜、梁丘賀同為門人。施、孟、梁丘三人皆為昭、宣時人，而武帝即位初（建元五年）便置五經博士，因此當時之《易經》博士應是楊何，而非田王孫。參（清）王國維著：《觀堂集林》（北京：中華書局，1999年6月，1版7刷）卷4，頁178；及徐復觀著：《中國經學史的基礎》（台北：臺灣學生書局，1996年4月，初版3刷）「『言《易》者本之田何』及田何、楊何的問題」，頁93～94。

〔註10〕參徐復觀著：《中國經學史的基礎》，頁93～94。

〔註11〕楊家駱主編：《新校本漢書》卷30，頁1704。

〔註12〕（南朝宋）范曄撰、（唐）李賢等注、（民國）楊家駱主編：《新校本後漢書》（台北：鼎文書局，1999年4月，2版1刷）卷79上，頁2548～2549。

而作《内、外傳》數萬言，其語頗與齊、魯間殊，然歸一也。淮南
賁生受之，燕、趙間言《詩》者由韓生。韓生亦以《易》授人，推
《易》意而爲之傳。燕、趙間好《詩》，故其《易》微，唯韓氏自傳
之。……後其孫商爲博士，孝宣時，涿郡韓生其後也，以《易》徵，
待詔殿中，曰：「所受《易》即先太傅所傳也。嘗受《韓詩》，不如
韓氏《易》深，太傅故專傳之。」司隸校尉蓋寬饒本受《易》於孟
喜，見涿韓生説《易》而好之，即更從受焉。〔註13〕

韓嬰雖以《詩》爲博士，但其《易》學亦自成一家，特以燕、趙間之學者好《詩》
不好《易》，故韓氏《易》學因乏門人發揚其説而漸漸衰微。然而從蓋寬饒喜韓
氏《易》而棄孟氏《易》之事件看來，韓氏《易》必有其吸引人之獨特處。

　　從以上所引史書之記載可知，自孔子傳《易》，經田何，直至西漢末，產
生之學派相當複雜，有些學派甚至不知從何而出，若以各《易》學家解《易》
之方法與特色來分類，大致可歸納爲以下三派：

（一）訓故舉大誼

　　此派以田何、丁寬、周王孫、服生等人爲代表，清人唐晏稱此派爲「田
氏派」，認爲「田氏之學，爲《易》大宗」，〔註14〕是孔門之嫡傳。《漢書・儒
林傳》記載：

丁寬字子襄，梁人也。初梁項生從田何受《易》，時寬爲項生從者，
讀《易》精敏，材過項生，遂事何。學成，何謝寬。寬東歸，何謂
門人曰：「《易》以東矣。」寬至雒陽，復從周王孫受古義，號《周
氏傳》。景帝時，寬爲梁孝王將軍距吳、楚，號「丁將軍」，作《易
説》三萬言，訓故舉大誼而已，今《小章句》是也。寬授同郡碭田
王孫，王孫授施讎、孟喜、梁丘賀。繇是《易》有施、孟、梁丘之
學。〔註15〕

田何的弟子有王同、周王孫、丁寬、服生、項生等，其中以丁寬才最高、最
知名。景帝時，曾任梁孝王將軍，七國之亂起，丁寬奉梁孝王之命平亂有功，
因此「丁將軍」之名號普爲人知。其《易説》之特色爲「訓故舉大誼」，即

〔註13〕楊家駱主編：《新校本漢書》卷88，頁3613～3614。
〔註14〕（清）唐晏著；吳東民點校：《兩漢三國學案》（北京：中華書局，1986年12
　　　　月）卷1，頁6。
〔註15〕楊家駱主編：《新校本漢書》卷88，頁3597～3598。

於解經上略陳大義，以明經之大旨而已。丁氏之學，班固歸之爲「章句」之屬，〔註16〕其再傳弟子施、孟、梁丘三家皆於宣帝時立爲學官。〔註17〕值得留意的是，丁寬除師事田何外，又向同門周王孫學習古義，即所謂《周氏傳》。至於「古義」究何所指，學者則眾說紛紜，或以爲指「儒門十翼義埋」者，如高懷民；〔註18〕或以爲即「陰陽災變之學」者，如尙秉和。〔註19〕今雖無法驟然斷定何者爲是，但可以確定田何之門人中，丁寬之學是較爲全面的，因此，班固稱丁寬爲「《易》祖師」。〔註20〕

　　田王孫從丁寬受學，授《易》於施讎、孟喜、梁丘賀，兩漢時期此三家之學皆相當盛行。據《漢書・藝文志》所載，三家各有《易經》十二篇（師古曰：「上下經及十翼，故十二篇。」）、《章句》二篇，〔註21〕而三人之傳皆見於《漢書・儒林傳》，其文曰：

> 施讎字長卿，沛人也。沛與碭相近，讎爲童子，從田王孫受《易》。後讎徙長陵，田王孫爲博士，復從卒業，與孟喜、梁丘賀並爲門人。……及梁丘賀爲少府，事多，乃遣子臨分將門人張禹等從讎問。……於是賀薦讎：「結髮事師數十年，賀不能及。」詔拜讎爲博士，甘露中與五經諸儒雜論同異於石渠閣。讎授張禹、琅邪魯伯。……禹授淮陽彭宣、沛戴崇子平。……魯伯授太山毛莫如少路、琅邪邴丹曼容。……繇是施家有張、彭之學。

> 孟喜字長卿，東海蘭陵人也。父號孟卿，善爲《禮》、《春秋》，授后

〔註16〕唐晏云：「田何之學本無章句，至王同、周王孫、丁寬始有《易傳》。」可知田何之弟子王同、周王孫、丁寬之《易》學著作，皆屬章句之學，而此時之章句內容不似後世繁多，故班固稱之爲「小章句」。參（清）唐晏著：《兩漢三國學案》卷1，頁6；及徐復觀著：《中國經學史的基礎》，頁87。

〔註17〕《漢書・儒林傳》云：「……至孝宣世，復立大、小夏侯《尚書》，大、小戴《禮》，施、孟、梁丘《易》，《穀梁春秋》。」見楊家駱主編：《新校本漢書》卷88，頁3621。

〔註18〕參高懷民著：《兩漢易學史》（中國學術著作獎助委員會，1970年12月）第二章第二節「復古大師田何」，頁43～44。

〔註19〕尙氏云：「古義者，非孔氏十翼，蓋即許慎所謂『秘書』，汲冢古《易》但有《陰陽秘書》者是也，即陰陽災變之學也。後高相專以陰陽災變說《易》，自言出於丁將軍，是其證。」參尙秉和撰、陳金生點校：《焦氏易詁》（北京：中華書局，1991年12月）卷1「焦易淵源」，頁4～5。

〔註20〕《漢書・外戚傳》云：「定陶丁姬，哀帝母也，《易》祖師丁將軍（丁寬）之玄孫。」見楊家駱主編：《新校本漢書》卷97下，頁4002。

〔註21〕楊家駱主編：《新校本漢書》卷30，頁1703～1704。

蒼、疏廣。世所傳《后氏禮》、《疏氏春秋》，皆出孟卿。孟卿以《禮

經》多，《春秋》煩雜，乃使喜從田王孫受《易》。……喜授同郡白

光少子、沛翟牧子兄，皆爲博士。繇是有翟、（孟）、白之學。

梁丘賀字長翁，琅邪諸人也，以能心計，爲武騎。從太中大夫京房

受《易》。房者，淄川楊何弟子也。房出爲齊郡太守，賀更事田王孫。

宣帝時，聞京房爲《易》明，求其門人，得賀。……曾八月飲酎，

行祠孝昭廟，先毆旄頭劍挺墮墜，首垂泥中，刃鄉乘輿車，馬驚。

於是召賀筮之，有兵謀，不吉。……賀以筮有應，繇是近幸，爲太

中大夫，給事中，至少府。爲人小心周密，上信重之，年老終官。

傳子臨，……甘露中，奉使問諸儒於石渠。臨學精孰，專行京房法。

琅邪王吉通五經，聞臨説，善之。……吉乃使其子郎中駿上疏從臨

受《易》。臨代五鹿充宗君孟爲少府，駿御史大夫，自有傳。充宗授

平陵士孫張仲方、沛鄧彭祖子夏、齊衡咸長賓。……繇是梁丘有士

孫、鄧、衡之學。〔註22〕

田王孫之弟子三人中以施讎從師最久，其和梁丘賀之子梁丘臨皆曾參與宣帝甘

露三年（西元前51年）所召開之石渠閣會議。施讎授張禹、魯伯；魯伯傳毛莫

如、邴丹；而張禹傳戴崇、彭宣，於是施家有「張、彭之學」。孟喜授翟牧、白

光，二人皆爲博士，由是孟家有「翟、白之學」。而梁丘賀本師事京房，〔註23〕

其後更從田王孫，賀傳子梁丘臨，父子二人皆精於卜筮。臨傳王駿及五鹿充宗，

充宗復授士孫張、鄧彭祖、衡咸，於是梁丘有「士孫、鄧、衡之學」。

（二）候陰陽災變

此派爲漢《易》之主流，且對後世《易》學影響相當大；〔註24〕代表人

物有孟喜、焦延壽、京房，而以京房集西漢象數《易》學之大成，別爲「京

氏學」，元帝時被立爲學官。〔註25〕施、孟、梁丘三家之學雖同出於田王孫，

〔註22〕 楊家駱主編：《新校本漢書》卷88，頁3598～3601。

〔註23〕 此京房與司馬談同爲楊何弟子，非指後來焦延壽之弟子。故顏師古曰：「自別
一京房，非焦延壽弟子爲課吏法者。」見楊家駱主編：《新校本漢書》卷88，
頁3601。

〔註24〕 高懷民云：「田何一系雖然看來枝繁葉茂，聲勢浩大，可是並非漢《易》的主
流，所謂漢《易》的主流，乃指此下孟、焦、京等人的象數《易》而言。」
參高氏著：《兩漢易學史》第一章第二節「易的傳承問題」，頁15。

〔註25〕 《漢書・儒林傳贊》有云：「至元帝世，復立京氏《易》。」見楊家駱主編：《新

唯孟喜能明陰陽災變，此是與施、梁丘二家不同之處。《漢書‧儒林傳》載：

> （孟）喜好自稱譽，得《易》家候陰陽災變書，詐言師田生且死時
> 枕喜膝，獨傳喜，諸儒以此耀之。同門梁丘賀疏通證明之，曰：「田
> 生絕於施讎手中，時喜歸東海，安得此事？」又蜀人趙賓好小數書，
> 後為《易》，飾《易》文，以為「箕子明夷，陰陽氣亡箕子；箕子者，
> 萬物方荄茲也。」賓持論巧慧，《易》家不能難，皆曰：「非古法也」。
> 云受孟喜，喜為名之。後賓死，莫能持其說。喜因不肯仞，以此不
> 見信。喜舉孝廉為郎，曲臺署長，病免，為丞相掾。博士缺，眾人
> 薦喜。上聞喜改師法，遂不用喜。〔註26〕

孟喜因得「《易》家候陰陽災變書」，故能以《易》候陰陽災變；儘管古書上
不見孟喜以《易》言陰陽災變之記載，然後世《易》家能明陰陽災變者，皆
推原於孟喜。〔註27〕《漢書‧藝文志》載有《孟氏京房》十一篇、《災異孟氏
京房》六十六篇，〔註28〕此說明京房所云之災異學即淵源於孟氏。《漢書‧儒
林傳》云：

> 京房受《易》梁人焦延壽，延壽云嘗從孟喜問《易》。會喜死，房以
> 為延壽《易》即孟氏學，翟牧、白生不肯，皆曰非也。至成帝時，
> 劉向校書，考《易》說，以為諸《易》家說皆祖田何、楊叔（元）、
> 丁將軍，大誼略同，唯京氏為異，黨焦延壽獨得隱士之說，託之孟
> 氏，不相與同。房以明災異得幸，為石顯所譖誅，自有傳。房授東
> 海殷嘉、河東姚平、河南乘弘，皆為郎、博士。繇是《易》有京氏
> 之學。〔註29〕

焦延壽傳京房，自云曾問《易》於孟喜，所問者，當是陰陽災變之學，以焦
氏善於此道，因而京房認為其師之學出於孟氏。房授殷嘉、姚平、乘弘，由
是《易》有「京氏之學」。又《漢書‧眭、兩夏侯、京、翼、李傳》記載：

> 京房字君明，東郡頓丘人也。治《易》，事梁人焦延壽，延壽字贛。……
> 以候司先知姦邪，盜賊不得發。……贛常曰：「得我道以亡身者，必
> 京生也。」其說長於災變，分六十四卦，更直日用事，以風雨寒溫

校本漢書》卷88，頁3621。
〔註26〕楊家駱主編：《新校本漢書》卷88，頁3599。
〔註27〕參傅榮賢撰：〈孟喜易學略論〉，《周易研究》（1994年第3期），頁7。
〔註28〕楊家駱主編：《新校本漢書》卷30，頁1703。
〔註29〕楊家駱主編：《新校本漢書》卷88，頁3601～3602。

爲候，各有占驗。房用之尤精，好鍾律，知音聲。初元四年以孝廉
爲郎。……房數上疏，先言其將然，近數月，遠一歲，所言屢中，
天子說之。……石顯、五鹿充宗皆疾房，欲遠之，建言宜試以房爲
郡守。……及房出守郡，顯告房與張博通謀。……初，房見道幽屬
事，出爲御史大夫鄭弘言之。房、博皆棄市，弘坐免爲庶人。房本
姓李，推律自定爲京氏，死時年四十一。〔註30〕

焦氏善於以《易》說陰陽災變，將六十四卦配合一年之日數，每日又以風雨
寒溫爲候，以占驗人事。此說源於孟喜之卦氣學，而京房尤其能靈活地運用，
其弟子姚平認爲「房言災異，未嘗不中」，〔註31〕可知其術已達精妙之境。惜
乎其於政治鬥爭中，爲石顯、五鹿充宗所譖，終被棄市。

　　據《漢書·儒林傳》記載，屬民間《易》學之高相亦長於陰陽災異，其
文如下：

高相，沛人也；治《易》，與費公同時，其學亦亡章句，專說陰陽災
異，自言出於丁將軍。傳至相，相授子康及蘭陵毋將永。康以明《易》
爲郎，永至豫章都尉。及王莽居攝，東郡太守翟誼謀舉兵誅莽，事
未發，康候知東郡有兵，私語門人，門人上書言之。後數月，翟誼
兵起，莽召問，對受師高康。莽惡之，以爲惑眾，斬康。繇是《易》
有高氏學。高、費皆未嘗立於學官。〔註32〕

高相說《易》以陰陽災異爲主，自云出於丁將軍（丁寬），其學無章句，與費
直同。西漢官方《易》學與民間《易》學除了今古文之差異外，另一不同處
即官方《易》學皆有章句，而民間《易》學則無章句。高相傳子高康與毋將
永，由是《易》有「高氏學」。高相雖專說陰陽災異，但因無明確之師承，又
非屬於官學，且其說無可考，故不被列於孟、京一派。

（三）以十翼解經

　　此派之代表人物爲費直，費氏《易》與高氏《易》同屬民間《易》學，
故其學亦無章句。《漢書·儒林傳》載：

費直字長翁，東萊人也。治《易》爲郎，至單父令。長於卦筮，亡
章句，徒以〈彖〉、〈象〉、〈繫辭〉十篇、〈文言〉解說上下經。琅邪

〔註30〕楊家駱主編：《新校本漢書》卷75，頁3160～3167。
〔註31〕楊家駱主編：《新校本漢書》卷75，頁3164。
〔註32〕楊家駱主編：《新校本漢書》卷88，頁3602。

王璜平中能傳之，璜又傳古文《尚書》。〔註33〕

費氏之學無章句，其解經之特色為以十翼解說經文，清人陳澧認為以十翼解經為費氏家法，並且稱費氏此法為「義疏之祖」。〔註34〕

二、東漢《易》學之發展

東漢之《易》學大抵承襲西漢《易》學而發展，基本上並無新的學派產生，《後漢書・儒林列傳》云：

> 光武中興，愛好經術，未及下車，而先訪儒雅，採求闕文，補綴漏逸。……於是立五經博士，各以家法教授，《易》有施、孟、梁丘、京氏，《尚書》歐陽、大小夏侯，《詩》齊、魯、韓，《禮》大小戴，《春秋》嚴、顏，凡十四博士，太常差次總領焉。〔註35〕

由於帝王的提倡經術，博士名額陸續增加，至東漢光武帝時，所立之博士有十四家，其中《易經》博士有四，即西漢所立施、孟、梁丘、京四家，超越其他各經所立之家數。博士們各以家法教授太學生，〔註36〕清人皮錫瑞指出：

> 前漢重師法，後漢重家法。……師法者，溯其源；家法者，衍其流也。師法、家法所以分者，如《易》有施、孟、梁丘之學，是師法；施家有張、彭之學，孟有翟、（孟）、白之學，梁丘有士孫、鄧、衡之學，是家法。〔註37〕

重師法與家法乃兩漢經學之一大特色，尤其是西漢時期，博士與弟子們皆各守家法、篤信章句；然而發展到東漢，師法、家法之觀念已不似西漢謹嚴，因而有太學生不修家法、不遵章句，此一情形從後漢徐防之奏疏即可知曉，《後漢書・鄧、張、徐、張、胡列傳》記載：

> （徐防）上疏曰：「……伏見太學試博士弟子，皆以意說，不修家法，私相容隱，開生姦路。每有策試，輒興諍訟，論議紛錯，互相是

〔註33〕 楊家駱主編：《新校本漢書》卷88，頁3602。

〔註34〕 參（清）陳澧著；楊志剛校點：《東塾讀書記（外一種）》（北京：生活・讀書・新知三聯書店，1998年6月）第四「易」，頁64。

〔註35〕 楊家駱主編：《新校本後漢書》卷79上，頁2545。

〔註36〕 清人王國維〈漢魏博士考〉一文云：「博士之於弟子，職在教授及課試。」參王氏著：《觀堂集林》卷4，頁195。

〔註37〕 （清）皮錫瑞撰：《經學歷史》，頁139。

非。……今不依章句，妄生穿鑿，以遵師爲非義，意説爲得理，輕
侮道術，寖以成俗，誠非詔書實選本意。……臣以爲博士及甲乙策
試，宜從其家章句，……若不依先師，義有相伐，皆正以爲非。……」
詔書下公卿，皆從防言。〔註38〕

由此文可知，朝廷要求士人修家法、習章句，主要目的是爲了使學者在理解
經義時有所依循，避免私自臆説、望文生義而誤導後學。表面上，朝廷仍非
常重視家法，但也透露出，士人對師法、家法之觀念已產生了動搖，於是就
如范曄所云太學生「章句漸疏，而多以浮華相尚，儒者之風蓋衰矣。」〔註39〕
這或許是當時整個學術發展上的自然情勢，表現在《易》學上自不例外。

最明顯的我們可以發現，西漢《易》學除少數幾家師承不明之外，其他
各家傳授之脈絡大多清楚可考；相較之下，東漢《易》學之師承則多隱晦不
明，通常僅知某人通某家之《易》學，例如：虞翻之高祖父虞光年少時即治
孟氏《易》，然虞光究竟師承何人，亦不得而知。正如高懷民所説，此和東
漢《易》學風氣比較重視學派，不重視師門傳承有關，〔註40〕而博士弟子員
之大幅增加，應是此一學術風氣形成之直接因素。《漢書‧儒林傳》記載：

弘爲學官，悼道之鬱滯，乃請曰：「……爲博士官置弟子五十
人。」……昭帝時，……增博士弟子員滿百人，宣帝時增倍之。元
帝好儒，……更爲設員千人。……成帝末，……增弟子員三千人。……
平帝時，王莽秉政，增元士之子，得受業如弟子，勿以爲員。〔註41〕

漢武帝採公孫弘之建議，置博士弟子五十人，昭帝時滿百人，宣帝時二百人，
元帝時更設千人，成帝末年增至三千人。據《後漢書‧儒林列傳》記載，至
東漢末年，太學生已高達三萬人。〔註42〕由於帝王之廣開學路，增加士人學
習之機會，治經已非少數人之專利，凡是太學生皆能受專家之學，〔註43〕且
有書可自學，這或許是東漢學術風氣較重學派，不重師承之原因。以下則根

〔註38〕楊家駱主編：《新校本後漢書》卷44，頁1500～1501。
〔註39〕楊家駱主編：《新校本後漢書》卷79上〈儒林列傳〉，頁2547。
〔註40〕參高懷民著：《兩漢易學史》第一章第二節「易的傳承問題」，頁17。
〔註41〕楊家駱主編：《新校本漢書》卷88，頁3593～3596。
〔註42〕《後漢書‧儒林列傳》云：「本初（質帝年號）元年，梁太后詔曰：『大將軍
下至六百石，悉遣子就學，每歲輒於鄉射月一饗會之，以此爲常。』自是遊
學增盛，至三萬餘生。」見楊家駱主編：《新校本後漢書》卷79上，頁2547。
〔註43〕參裴占榮編：〈虞仲翔先生年譜〉，《國立北平圖書館館刊》第7卷第1號（1933
年1、2月），頁52。

據前人研究成果，略舉各派傳承人物：〔註44〕

（一）施氏派

　　治施氏《易》者有：戴賓（父戴崇，受《易》於張禹）、劉昆、劉軼、景
鸞等。

（二）孟氏派

　　治孟氏《易》者有：洼丹、觟陽鴻、梁竦、許愼、尹珍、夏恭、袁良、
袁安、袁京、袁敞、袁彭、袁湯、任安、杜微、徐淑、宗資、虞光、虞成、
虞鳳、虞歆、虞翻等。

（三）梁丘派

　　治梁丘《易》者有：范升、楊政、祈聖元、呂羌、徐宣、徐憲、徐防、
王莽、梁恭、張興、張魴、張堪、杜暉等。

（四）京氏派

　　治京氏《易》者有：戴憑、魏滿、劉輔（漢光武帝第二子）、郎宗、郎顗、
楊震、楊秉、楊賜、孫期、徐稺、第五元先、鄭玄、董春、韋著、申屠蟠、
朱暉、朱頡、朱穆、楊由、崔朝、崔舒、崔篆、崔毅、崔駰、崔瑗、崔寔、
段翳、杜喬、李郃、析象、三輔、樊英、范冉、陳寔、郃巡、唐檀、許峻、
許曼、張巨君、度尙、劉寬、傅燮等。

（五）費氏派

　　治費氏《易》者有：陳元、鄭興、鄭眾、摯恂、桓麟、馬融、鄭玄、冷
剛、王暢、劉表、荀爽、王仲子、郭憲、宋衷等。

三、孟氏派之最後大師

　　由上文可知，東漢時期傳京氏《易》之人數最多，清儒唐晏云：

　　　　《易》之有京氏，猶《詩》之有《齊詩》也。其說初以陰陽五行說
　　　　《易》，後遂純以占驗說《易》。故東漢一代，京《易》大行，以其
　　　　說近乎讖緯也。故東京凡以明《易》徵者，多方術之士。〔註45〕

因此，京氏《易》之流行，與當時整個社會之讖緯思潮有密切關係。至東漢

〔註44〕以下論述主要參考（清）唐晏著：《兩漢三國學案》卷1、2，頁1～98；及徐
　　　　師芹庭所著：《易學源流》（台北：國立編譯館，1987年8月），頁366～374。

〔註45〕（清）唐晏著：《兩漢三國學案》卷1，頁44。

末年，《易》學風氣有了轉變，《後漢書・儒林列傳》云：

> 建武中，范升傳孟氏《易》（當作梁丘《易》），以授楊政，而陳元、
> 鄭眾皆傳費氏《易》，其後馬融亦爲其傳。融授鄭玄，玄作《易注》，
> 荀爽又作《易傳》，自是費氏興，而京氏遂衰。〔註46〕

漢末馬融、鄭玄、荀爽等大儒皆傳費氏《易》，因而使費氏派大興，同屬民間《易》學之高氏《易》則無聞焉。至於屬官方《易》學之施、梁丘二派雖有傳人，然名皆不甚顯，孟氏派唯虞翻一人名著千古，可謂碩果僅存。

兩漢《易》學學派發展至最後，原爲民間之費氏《易》成爲主流，而孟、京一派之術轉而流入民間，而虞翻身處易代之際，站在孟氏學之立場，不僅總結前代官方《易》學與民間《易》學，並且將孟氏之學光大之、發展之，遂自成一博大精深之「虞氏《易》學」，亦是孟氏派之最後一位《易》學大師，故其在《易》學史上之地位，實不容忽略。

第二節　對兩漢《易》家學說之吸取

虞翻能建立象數《易》學之宏大體系，除家學淵源外，其對前人以及當時各種解《易》學說之吸取是相當重要的因素，其中對虞翻學說影響較大者，有孟喜、魏伯陽、荀爽等，魏氏之學雖非屬於儒家解《易》之系統，但其「月體納甲說」，足以啓發人們對於《周易》經文之理解，故虞氏取之。〔註47〕底下則略陳各家學說之梗概，以示虞氏學之所出。

一、孟喜之卦氣說

虞翻五世傳孟氏《易》，對孟喜之學說自不陌生，而孟氏之學以「卦氣說」最具代表性。所謂「卦」指《易經》卦象；「氣」則指氣候；而孟喜「卦氣說」之基本內容是以四正卦之二十四爻配二十四節氣、以十二月卦之七十二爻配七十二物候；使卦、爻與一年四季、十二月、二十四節氣、七十二候之間，形成一整齊之排列組合，並藉此說明一年中陰陽消息、天象氣候之變化，進

〔註46〕楊家駱主編：《新校本後漢書》卷79上，頁2554。

〔註47〕朱子云：「其所言納甲之法，則今所傳京房占法，見于《火珠林》者，是其遺法。……此雖非爲明《易》而設，然《易》中無所不有，苟其言自成一家，可推而通，則亦無害于《易》。」參（宋）朱熹撰：《周易參同契考異》（北京：中華書局，1985年，叢書集成初編本），頁1～2。

一步可以預測或解釋災異現象，及占卜人間事之禍福吉凶。故唐僧一行（俗名張遂）於《大衍曆‧曆議‧卦議》指出：「十二月卦出於《孟氏章句》，其說《易》本於氣，而後以人事明之。」〔註48〕至於孟氏「卦氣說」之具體內容，一行〈卦議〉引其說云：

> 自冬至初，中孚用事，一月之策，九六七八，是爲三十。而卦以地六，候以天五，五六相乘，消息一變，十有二變而歲復初。坎、震、離、兌，二十四氣，次主一爻，其初則二至、二分也。坎以陰包陽，故自北正，微陽動於下，升而未達，極於二月，凝涸之氣消，坎運終焉。春分出於震，始據萬物之元，爲主於內，則羣陰化而從之，極於南正，而豐大之變窮，震功究焉。離以陽包陰，故自南正，微陰生於地下，積而未章，至于八月，文明之質衰，離運終焉。仲秋陰形于兌，始循萬物之末，爲主於內，羣陽降而承之，極於北正，而天澤之施窮，兌功究焉。故陽七之靜始於坎，陽九之動始于震，陰八之靜始于離，陰六之動始于兌。故四象之變，皆兼六爻，而中節之應備矣。〔註49〕

根據一行〈卦議〉中之敘述，可歸納孟喜「卦氣說」之主要內容如下：

（一）四正卦配二十四節氣

「四正卦」指坎、震、離、兌四卦。坎主冬、震主春、離主夏、兌主秋，又一年有二十四氣，一卦六爻，坎、震、離、兌共二十四爻，故孟喜以一爻主一氣，「其初則二至、二分」，指坎初六主冬至、震初九主春分、離初九主夏至、兌初九主秋分。其順序可列之如下：

坎		震		離		兌	
初六	冬至	初九	春分	初九	夏至	初九	秋分
九二	小寒	六二	清明	六二	小暑	九二	寒露
六三	大寒	六三	穀雨	九三	大暑	六三	霜降
六四	立春	九四	立夏	九四	立秋	九四	立冬
九五	雨水	六五	小滿	六五	處暑	九五	小雪
上六	驚蟄	上六	芒種	上九	白露	上六	大雪

〔註48〕（宋）歐陽修、宋祁撰：《新唐書》（北京：中華書局，1997 年 11 月）卷 27 上〈曆志〉，頁 172。

〔註49〕（宋）歐陽修、宋祁撰：《新唐書》卷 27 上〈曆志〉，頁 173。

〈說卦〉中坎屬北方，象徵冬天，坎卦二陰在外，一陽在內，故云：「坎以陰包陽」，此時微陽已生，然未升出地面，直至二月驚蟄，冰雪解凍、萬物驚醒，陰凝之氣消失，坎卦用事亦隨之結束；震卦繼之而起，於方位上屬東方，象徵春天，春分時陽氣出動，群陰順從，其氣極盛於南方，震功成則退；接著離卦用事，方位屬南，象徵夏天，其卦二陽在外，一陰在內，故云：「以陽包陰」，此時陰氣已生，然積於地中尚未彰顯，直至八月，陽氣已衰，其運終窮；西方兌卦，象徵秋天，其卦一陰在上，二陽在下，表示此時陰氣爲主，陽氣順從，其氣極盛於北方，兌功成則止。

虞翻在注〈歸妹・象辭〉「歸妹，天地之大義也」有云：「震東兌西，離南坎北。六十四卦，此象最備四時正卦，故『大地之大義也』。」〔註50〕歸妹卦上震下兌，震爲東，兌爲西。又二、三、四爻互爲離卦，三、四、五爻互爲坎卦，離爲南，坎爲北。「四時正卦」即「四正卦」又稱「方伯卦」，〔註51〕而六十四卦中，唯有歸妹具備四正卦之象。

（二）十二月卦配七十二候

十二月卦又稱「十二消息卦」或「十二辟卦」。上文所引一行〈卦議〉中曾提及孟氏之說云：「卦以地六，候以天五，五六相乘，消息一變，十有二變而歲復初。」孟喜說《易》本於氣，即取法於天象氣候、陰陽消息之變化來解說《易》，進而運用於人事上。而陰陽消息之變展現於每月之中，一月有三十日，故曰「五六相乘，消息一變」，一年有十二月，故云「十有二變而歲復初」。因此孟喜以十二卦來代表十二月，分別爲：十一月復卦、十二月臨卦、一月泰卦、二月大壯卦、三月夬卦、四月乾卦、五月姤卦、六月遯卦、七月否卦、八月觀卦、九月剝卦、十月坤卦。

此十二月卦之卦爻象正好展現陰陽二氣互爲消長之過程，由復卦至乾卦爲「陽息陰消」，代表陽氣漸盛，陰氣漸衰之現象，復爲一陽生、臨爲二陽生、泰爲三陽生、大壯爲四陽生、夬爲五陽生、乾卦六爻皆陽，陽氣盛極，極則反衰；因此從姤卦至坤卦爲「陰息陽消」，即陰氣漸盛，陽氣漸衰，姤爲一陰生、遯爲二陰生、否爲三陰生、觀爲四陰生、剝爲五陰生、坤則六爻皆陰，

〔註50〕（唐）李鼎祚輯：《周易集解》（北京：中華書局，1985年，叢書集成初編本）卷11，頁264。

〔註51〕薛瓚注《漢書》曰：「京房謂方伯卦，震、兌、坎、離也。」參（清）惠棟撰：《易漢學》（北京：中華書局，1985年，叢書集成初編本）卷1，頁8。

達於極盛。二氣循環，周而復始。虞翻注〈繫辭〉「變通配四時」云：

> 變通趨時，謂十二月消息也。泰、大壯、夬，配春；乾、姤、遯，
> 配夏；否、觀、剝，配秋；坤、復、臨，配冬。謂十二月消息，相
> 變通而周於四時也。〔註52〕

虞翻此處明白指出十二月消息卦及其所代表之季節。又十二月中有二十四節氣，即每月有二節氣，月首稱為「節」，月中稱為「中」，例如十一月有「大雪」、「冬至」二節氣，則大雪為「十一月節」、冬至為「十一月中」。而相對於各個節氣，自然界中動、植物之生長週期性現象與變化亦與之相應，此稱為「物候」。每個節氣又分初候、次候、末候，則一月有六候，一年共七十二候。而十二月卦共七十二爻，則每爻正好值一候。今依《新唐書·曆志》載一行所繪之卦氣圖，〔註53〕將四正卦、十二月卦、二十四氣、七十二候之關係列之如下：

十二月卦	七 十 二 候			二十四節氣	月中節	四正卦
	初 候	次 候	末 候			
復	六四：蚯蚓結	六五：麋角解	上六：水泉動	冬至	11月中	坎
臨	初九：鴈北鄉	九二：鵲始巢	六三：野雞始雊	小寒	12月節	
	六四：雞始乳	六五：鷙鳥厲疾	上六：水澤腹堅	大寒	12月中	
泰	初九：東風解凍	九二：蟄蟲始振	九三：魚上冰	立春	1月節	
	六四：獺祭魚	六五：鴻鴈來	上六：草木萌動	雨水	1月中	
大壯	初九：桃始華	九二：倉庚鳴	九三：鷹化為鳩	驚蟄	2月節	震
	九四：玄鳥至	六五：雷乃發聲	上六：始電	春分	2月中	
夬	初九：桐始華	九二：田鼠化為鴽	九三：虹始見	清明	3月節	
	九四：萍始生	九五：鳴鳩拂其羽	上六：戴勝降于桑	穀雨	3月中	
乾	初九：螻蟈鳴	九二：蚯蚓出	九三：王瓜生	立夏	4月節	
	九四：苦菜秀	九五：靡草死	上九：小暑至	小滿	4月中	
姤	初六：螳螂生	九二：鵙始鳴	九三：反舌無聲	芒種	5月節	離
	九四：鹿角解	九五：蜩始鳴	上九：半夏生	夏至	5月中	
遯	初六：溫風至	六二：蟋蟀居壁	九三：鷹乃學習	小暑	6月節	
	九四：腐草為螢	九五：土潤溽暑	上九：大雨時行	大暑	6月中	

〔註52〕（唐）李鼎祚輯：《周易集解》卷13，頁324。
〔註53〕（宋）歐陽修、宋祁撰：《新唐書》卷28上，頁183～184。

否	初六：涼風至	六二：白露降	六三：寒蟬鳴	立秋	7 月節	
	九四：鷹祭鳥	九五：天地始肅	上九：禾乃登	處暑	7 月中	
觀	初六：鴻鴈來	六二：玄鳥歸	六三：羣鳥養羞	白露	8 月節	
	六四：雷乃收聲	九五：蟄蟲培戶	上九：水始涸	秋分	8 月中	
剝	初六：鴻鴈來賓	六二：雀入大水爲蛤	六三：菊有黃華	寒露	9 月節	
	六四：豺乃祭獸	六五：草木黃落	上九：蟄蟲咸俯	霜降	9 月中	兌
坤	初六：水始冰	六二：地始凍	六三：野雞入水爲蜃	立冬	10 月節	
	六四：虹藏不見	六五：天氣上騰地氣下降	上六：閉塞而成冬	小雪	10 月中	
復	初九：鶡鳥不鳴	六二：虎始交	六三：荔挺生	大雪	11 月節	

二、魏伯陽之月體納甲說

　　魏伯陽之生平事蹟，文獻資料不多，後蜀彭曉所撰《周易參同契通眞義・序》中有簡要之敘述：

> 眞人魏伯陽者，會稽上虞人也。世襲簪琚，惟公不仕，修眞潛默，養志虛無，博贍文詞，通諸緯候，恬淡守素，惟道是從，每視軒裳如糠粃焉。不知師授誰氏，傳《古文龍虎經》，盡獲妙旨，乃約《周易》撰《參同契》三篇。〔註 54〕

據學者考證，魏伯陽，名翔，字伯陽，號雲牙子。大約生於漢桓帝元嘉元年（西元 151 年），卒於魏文帝曹丕黃初二年（西元 221 年）。其父魏朗（字少英），遭黨錮之禍，閉門於家中著書，最後仍不免厄運，遇害致死。其子魏伯陽受此牽連，被迫隱居山林，從此潛心修道。〔註 55〕而虞翻與魏氏同屬會稽人，又曾爲《周易參同契》作注，因此除了地緣上之關係，虞氏在思想上亦多少會受其影響。

　　關於「納甲」，《京氏易傳》卷下有云：「分天地乾坤之象，益之以甲乙壬癸，震巽之象配庚辛，坎離之象配戊己，艮兌之象配丙丁。」〔註 56〕此爲納

〔註 54〕（後蜀）彭曉撰：《周易參同契通眞義》（台北：臺灣商務印書館，1985 年 6 月，景印文淵閣四庫全書本，第 1058 冊），頁 511 上。

〔註 55〕參蕭漢明、郭東升著：《周易參同契研究》（上海：上海文化出版社，2001 年 1 月）第一章〈魏伯陽及相關人物生平考〉，頁 13～14。

〔註 56〕（漢）京房撰、（吳）陸績注：《京氏易傳》（台北：臺灣商務印書館，1985 年 2 月，景印文淵閣四庫全書本，第 808 冊），頁 466 上。

甲之說，以乾納甲爲始，故稱「納甲」。其法爲以八卦配十干，乾納甲壬（內
卦納甲，外卦納壬）、坤納乙癸（內卦納乙，外卦納癸）、震納庚、巽納辛、
艮納丙、兌納丁、坎納戊、離納己。

　　魏伯陽採京房之納甲說，配合月亮之盈虛及卦爻象之變化，形成獨特之
「月體納甲說」，《周易參同契》云：

> 三日出爲爽，震庚受西方。八日兌受丁，上弦平如繩。十五乾體就，
> 盛滿甲東方。蟾蜍與兔魄，日月氣雙明。蟾蜍視卦節，兔者吐生光。
> 七八道已訖，屈折低下降。十六轉受統，巽辛見平明。艮值於丙南，
> 下弦二十三。坤乙三十日，東北喪其朋。節盡相禪與，繼體復生龍。
> 壬癸配甲乙，乾坤括始終。七八數十五，九六亦相應。四者合三十，
> 陽氣索滅藏。〔註57〕

此處魏伯陽以月相之晦、朔、弦、望及月體運行之方位，配合卦爻象之變化
來說明陰陽二氣之消長。月初三始生，黃昏時見於西方（庚），月形如鉤，而
震卦一陽在下，象徵月之微光初現，是卦象與月形合，故以震卦象之；初八，
月黃昏時見於南方（丁），月形半圓，爲上弦月，兌卦象之；十五日月望，黃
昏時見於東方（甲），乾卦象之；十六日，月相由圓轉缺，平旦時沒於西方（辛），
巽卦象之；二十三日，月相下弦，平旦時沒於南方（丙），艮卦象之；三十日，
月於東方（乙）喪其光明，坤卦象之。次月三日，震象復出於庚，如此循環
往復，終則有始。（黃宗羲《易學象數論》錄有「魏伯陽月體納甲圖」，可參
本章附錄）虞翻注〈蹇‧彖辭〉「蹇之時用大矣哉」有云：

> 謂坎月生西南而終東北，震象出庚，兌象見丁，乾象盈甲，巽象退
> 辛，艮象消丙，坤象窮乙，喪滅於癸，終則復始，以生萬物，故用
> 大矣。〔註58〕

虞氏此注之內容即採用魏伯陽之「月體納甲說」。

　　由以上之敘述可知，如以月體納甲方位論之，則乾坤位於東方、艮兌位
於南方、震巽位於西方，至於坎離二卦則居中，坎納戊，離納己。《周易參同
契》有云：「坎戊月精，離己日光。日月爲易，剛柔相當。土王四季，羅絡始

〔註57〕劉國樑注譯、黃沛榮校閱：《新譯周易參同契》（台北：三民書局股份有限公
　　　　司，1999 年 11 月）〈復卦建始萌章第十三〉至〈壬癸配甲乙章第十五〉，頁
　　　　24～28。
〔註58〕（唐）李鼎祚輯：《周易集解》卷8，頁192。

終。青赤白黑，各居一方。皆稟中宮，戊己之功。」〔註59〕坎為月為柔，離為日為剛，日月之交會運行，產生了自然與人事上之一切變化，故坎、離二卦為六十四卦變化之根本，正如五行中土王四季一般，雖不名時，但其作用是存在於任何時節的。〔註60〕

很明顯可以看出，月體納甲之八卦方位，與先天或後天八卦方位皆不同，南宋朱子《周易參同契考異》提到：「（參同契）所云甲、乙、丙、丁、庚、辛者，乃以月之昏旦出沒言之，非以分六卦之方也。」〔註61〕意即魏伯陽乃以月亮運行之軌道而言納甲，並非指六卦之定位。故清儒惠棟言及虞翻《易》學之月體納甲時指出：「出庚見丁者，指月之盈虛而言，非八卦之定體也。」〔註62〕而虞翻解《易》除了以月之盈虛來說明陰陽二氣消息變化之旨外，其中有多處亦運用月體納甲之方位來詮釋經文，例如其注〈蹇‧卦辭〉「利西南，不利東北」云：

> 坤，西南卦，五在坤中，坎為月，月生西南，故「利西南」。往得中，謂西南得朋也。艮，東北之卦，月消於艮，喪乙滅癸，故「不利東北」，其道窮也，則東北喪朋矣。〔註63〕

坤於後天八卦中位西南，蹇卦上為坎下為艮，坎為月，而坎乃乾陽入坤而成，故云「五在坤中」；又月初三震象出庚，八日兌象見丁，庚在西方，丁在南方，故云「利西南」；二十三日，月下弦，艮卦象之，後天八卦中，艮位於東北方；二十九或三十日，月相消失於乙，滅藏於癸，乙在東方，癸在北方，故云「不利東北」。

三、荀爽之升降說

荀爽字慈明，一名諝，為荀卿十二世孫。生於漢順帝永建三年（西元128年），卒於漢獻帝初平元年（西元 190 年），年六十三。其父荀淑有八子，皆有名稱，號「八龍」。據《後漢書》記載：

〔註59〕劉國樑注譯、黃沛榮校閱：《新譯周易參同契‧言不苟造章第九》，頁 17。
〔註60〕《白虎通》云：「土所以王四季何？木非土不生，火非土不榮，金非土不成，水非土不高，土扶微助衰，曆成其道，故五行更王，亦須土也。王四季，居中央，不名時。」見（清）陳立撰：《白虎通疏證》（北京：中華書局，1997年 10 月，1 版 2 刷）卷 4「五行」，頁 190。
〔註61〕（宋）朱熹撰：《周易參同契考異》，頁 1～2。
〔註62〕（清）惠棟撰：《易漢學》卷3，頁 38。
〔註63〕（唐）李鼎祚輯：《周易集解》卷 8，頁 191。

（爽）幼而好學，年十二，能通《春秋》、《論語》。太尉杜喬見而稱之曰：「可爲人師。」爽遂耽思經書，慶弔不行，徵命不應。潁川爲之語曰：「荀氏八龍，慈明無雙。」……後遭黨錮，隱於海上，又南遁漢濱，積十餘年，以著述爲事，遂稱爲碩儒。……著《禮》、《易傳》、《詩傳》、《尚書正經》、《春秋條例》，又集漢事成敗可爲鑒戒者，謂之《漢語》。又作《公羊問》及《辯讖》，并它所論敍，題爲《新書》。凡百餘篇，今多所亡缺。〔註64〕

由此可見，荀爽除著有《易傳》外，其他經學著作亦相當豐富，而其在《易》學之成就最富有特色者爲「升降說」。惠棟《易漢學》曰：

荀慈明論《易》，以陽在二者當上升坤五爲君，陰在五者，當降居乾二爲臣。蓋乾升坤爲坎，坤降乾爲離，成既濟定，則六爻得位。〈繫辭〉所謂「上下无常，剛柔相易」、〈乾·象〉所謂「各正性命，保合太和，利貞之道也。」《左傳》史墨論魯昭公之失民，季氏之得民，云：「在《易》卦，雷乘乾曰大壯。天之道言九二之大夫當升五爲君也。」慈明之說合於古之占法，故仲翔注《易》亦與之同。〔註65〕

惠棟將荀爽之升降說推原至《左傳》，以爲其說合於古時之占法，而虞翻於兩漢《易》家中，頗推崇荀氏，認爲其注「有愈俗儒」，故虞氏注《易》多所資取，惠棟亦嘗云：「仲翔注《易》，大略本諸慈明升降卦變耳。」〔註66〕

惠氏指出荀爽「升降說」之主要內容爲：「以陽在二者當上升坤五爲君，陰在五者，當降居乾二爲臣。」可見荀氏是強調「陽升陰降」，其注〈乾·文言〉「時乘六龍，以御天也」有云：「御者，行也。陽升陰降，天道行也。」〔註67〕陽主升，陰主降，此乃天道之自然法則，其中又以二、五爻爲主，即九二當上升爲九五，六五當下降爲六二，此爲升降說之正例。〈解·象辭〉：「有攸往夙吉，往有功也」，荀氏注云：「五位无君，二陽又卑，往居之者則吉。據五解難，故有功也。」〔註68〕解卦上震下坎，六五陰虛，有位無實，本不當位，故曰「无君」；九二本卑處於下，此時則上升居五，解除坎水之難（解卦三至五爻互坎），故「有功」，此即陽二升五，陰五降二之一例。

─────────────────

〔註64〕楊家駱主編：《新校本後漢書》卷62〈荀、韓、鍾、陳列傳〉，頁2050～2057。
〔註65〕（清）惠棟撰：《易漢學》卷7，頁105。
〔註66〕（清）惠棟撰：《易漢學》卷3，頁55。
〔註67〕（唐）李鼎祚輯：《周易集解》卷1，頁18。
〔註68〕（唐）李鼎祚輯：《周易集解》卷8，頁196。

又荀爽注〈乾・文言〉「與日月合其明」云：「謂坤五之乾二成離，離爲日。乾二之坤五爲坎，坎爲月。」〔註69〕陰主降，故坤五下降至乾二成離卦之象；陽主升，故乾二上升至坤五成坎卦之象，而離爲日，坎爲月，故云「與日月合其明」。又坎離之象即成既濟定，此卦六爻皆當位。因此，荀爽倡「升降說」之主要目的乃欲使陰陽各爻皆處於正當之位，以達陰陽和諧之情況，期能在人爲事功上發揮最大之效果，所謂「陰陽相和，各得其宜，然後利矣。陰陽止而位當，則可以幹舉萬事。」〔註70〕「陰陽正而位當」指陰陽各得其所、各適其性，如此不僅整個大環境和諧均衡，眾人亦皆能共生共榮，創造更大之利益。

荀氏雖強調「陰陽和均而得其正」，〔註71〕然其主張「陽升陰降」，亦突顯了「崇陽抑陰」之旨。儘管其注文中有「陰升陽降」之例，然此非荀氏創「升降說」之重點所在。桓帝延熹九年，荀爽曾上對策云：

> 臣聞：有夫婦然後有父子，有父子然後有君臣，有君臣然後有上下，有上下然後有禮義。禮義備，則人知所厝矣。夫婦，人倫之始、王化之端，故文王作《易》，上經首乾、坤，下經首咸、恆。孔子曰：「天尊地卑，乾坤定矣。」夫婦之道，所謂順也。《堯典》曰：「釐降二女於嬀汭，嬪于虞。」降者下也，嬪者婦也。言雖帝堯之女，下嫁於虞，猶屈體降下，勤修婦道。《易》曰：「帝乙歸妹，以祉元吉。」婦人謂嫁曰歸，言湯以娶禮歸其妹於諸侯也。《春秋》之義，王姬嫁齊，使魯主之，不以天子之尊加於諸侯也。今漢承秦法，設尚主之儀，以妻制夫，以卑臨尊，違乾坤之道，失陽唱之義。……陽尊陰卑，蓋乃天性。……宜改尚主之制，以稱乾坤之性。……人事如此，則嘉瑞降天，吉符出地，五韙咸備，各以其敘矣。〔註72〕

荀氏有見於當時漢朝皇室，外戚干政、宦官專權、臣尊君卑等反常現象，而特別針對「尚主之制」提出檢討。「漢家故事常以列侯尚主」，〔註73〕即皇室通常將公主許配給朝中大臣，因著公主之尊，不僅使臣子貴寵日盛，無形中

〔註69〕（唐）李鼎祚輯：《周易集解》卷1，頁21。

〔註70〕此爲荀氏〈乾・文言〉「利者，義之和也。貞者，事之幹也」之注文。參（唐）李鼎祚輯：《周易集解》卷1，頁7。

〔註71〕此爲荀氏〈乾・文言〉「雲行雨施，天下平也」之注文。參（唐）李鼎祚輯：《周易集解》卷1，頁19。

〔註72〕楊家駱主編：《新校本後漢書》卷62〈荀、韓、鍾、陳列傳〉，頁2052～2053。

〔註73〕楊家駱主編：《新校本漢書》卷97上〈外戚傳〉，頁3958。

也產生「妻制夫」、「臣卑君」等種種問題，而外戚之患亦常由此而出。荀爽之姪荀悅於〈申鑒〉中亦批評：

> 尚主之制非古。釐降二女，陶唐之典；歸妹元吉，帝乙之訓；王姬歸齊，宗周之禮。以陰乘陽違天，以婦陵夫違人。違天不祥，違人不義。〔註74〕

荀悅所云與其叔父荀爽之大旨略同，皆針對當時朝政問題而發，此為荀爽特別強調「陽尊陰卑」、「陽升陰降」之政治背景。

第三節　本章結語

　　經由以上之論述得知，在「學派之繼承上」，虞翻以孟氏派自居，但不用今文學以著作章句為治經之方式，而改採為經文作注。其有感於「前人通講，多玩章句，雖有祕說，於經疏闊」，〔註75〕故「蒙先師之說，依經立注」（同上），欲擺脫今文學派章句煩瑣之蔽病，力求先疏通《周易》經文。因此，虞翻《易》學本質上雖屬孟氏之今文學派，但於形式上，反而較接近無章句、專門以十翼解經之費氏古文學派。〔註76〕

　　在「學說之吸取上」，虞翻廣泛資取各家之說，影響虞氏較大者，已略述於上，其他如馬融、鄭玄、宋忠等解《易》之說，在訓詁上，虞氏亦有與之同者。值得注意的是，虞翻在解說經文時，並不談陰陽災變之說，此乃與孟喜、京房不同之處。然而虞翻曾示《易》注於孔融，融贊許其「觀象雲物，察應寒溫，推本禍福，與神合契」〔註77〕等語，與班固稱焦延壽之說「長於災變，分六十四卦，更直日用事，以風雨寒溫為候，各有占驗」〔註78〕有幾分類似。因此，《三國志集解》引李安溪曰：「孔融稱其觀雲物、察寒溫，蓋學於京、焦之法者。」〔註79〕李氏之說似乎意味著虞翻亦言陰陽災異，焦、

〔註74〕楊家駱主編：《新校本後漢書》卷62〈荀、韓、鍾、陳列傳〉，頁2061。
〔註75〕參（晉）陳壽撰、（南朝宋）裴松之注、（民國）楊家駱主編：《新校本三國志》（台北：鼎文書局，1997年5月，9版）卷57，〈虞、陸、張、駱、陸、吾、朱傳〉中裴注所引〈翻別傳〉，頁1322。
〔註76〕參高懷民著：《兩漢易學史》，頁171。
〔註77〕（漢）孔融撰：《孔北海集》（台北：臺灣商務印書館，1985年9月，景印文淵閣四庫全書本，第1063冊），頁240上。
〔註78〕楊家駱主編：《新校本漢書》卷75，頁3160。
〔註79〕盧弼著：《三國志集解》（北京：中華書局，1982年12月）卷57，頁1048下。

京之學蓋有取於孟氏，而虞翻傳孟氏《易》，若其習焦、京之學亦屬自然，故李氏之說不無道理。但今觀虞翻之《易》注，並不見其中有以《易》說陰陽災變之文，當然這也有可能是虞氏之注有所缺佚，後人未見全貌之故。

不過就目前所存虞翻之《易》注看來，虞氏基本上是排除了陰陽災異之說，此應是受當時古文經學風氣之影響，隨著學術風氣之轉變，便呈現出不同的解經方式。因此，我們可以發現，不論就學派之繼承上或學說之吸取上，虞翻之《易》學皆反映了東漢末年今古文經學融合之趨勢與現象，而此種現象在鄭玄身上已表現得非常明顯。但同爲東漢末解《易》名家，虞翻並不認同鄭玄解經之說，例如在《易》學上，鄭氏所創之「爻辰說」頗具特色，而虞氏並不採此說解《易》，甚至認爲鄭玄之注「難以示世」。在上漢獻帝之奏書中，虞翻指出鄭氏解《尚書》謬誤之處，又云：「玄所注五經，違義尤甚者百六十七事，不可不正。行乎學校，傳乎將來，臣竊恥之。」〔註80〕

整體來說，虞翻談《易》不以孟、京之陰陽災異爲主，同時亦反對融古、今文經學於一爐之儒學大師鄭玄。前者牽涉到從西漢至東漢學術風氣之轉變，而此中之內在因素及轉變過程如何，尚可進一步探討；後者或許是個人解《易》風格之問題，但虞氏在反對鄭氏之背後是否隱含當時之社會或政治問題，亦值得我們再深入研究。

〔註80〕楊家駱主編：《新校本三國志》卷57，裴注所引〈翻別傳〉，頁1323。

附錄：魏伯陽月體納甲圖

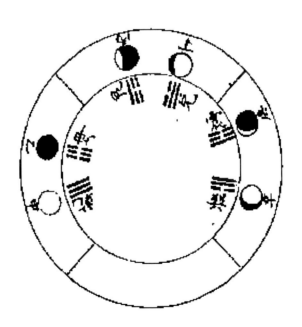

第四章　虞翻《易》學中之卦變問題

第一節　卦變之緣起

卦變之說，先儒以爲本於《周易・象傳》，宋人朱震《漢上易傳・叢說》有云：

〈訟・象〉曰：「剛柔〔來〕而得中」、〈隨・象〉曰：「剛來而下柔」、〈蠱・象〉曰：「剛上而柔下」、〈噬嗑・象〉曰：「剛柔分，動而明」、〈賁・象〉曰：「柔來而文剛，分剛上而下柔」、〈无妄・象〉曰：「剛自外來而爲主於內」、〈大畜・象〉曰：「剛上而尚賢」、〈咸・象〉曰：「柔上而剛下」、〈損・象〉曰：「損下益上」，又曰「損剛益柔」、〈益・象〉曰：「損上益下」，又曰「自上下下」、〈渙・象〉曰：「剛來而不窮，柔得位乎外而上同」、〈節・象〉曰：「剛柔分而剛得中」。剛者，陽爻也；柔者，陰爻也，剛柔之爻，或謂之「來」、或謂之「分」、或謂之「上下」，所謂「惟變所適」也，此虞氏（翻）、蔡景君、伏曼容、蜀才、李之才所謂「自某卦來」之說也。〔註1〕

此種藉由爻的上下往來，探討各卦「自某卦來」的學說，又稱作「之卦」，清儒錢大昕《潛研堂文集》有記載：

問：卦變之說，漢儒謂之「之卦」，諸家所說各殊，願聞其審。

〔註1〕　（宋）朱震撰：《漢上易傳・叢說》（台北：臺灣商務印書館，1983 年 8 月，景印文淵閣四庫全書本，第 11 冊），頁 378。

> 曰：虞仲翔說《易》，專取「旁通」與「之卦」。「旁通」者，乾與坤、
> 坎與離、艮與兌、震與巽，交相變也。「之卦」則以兩爻交易而得一
> 卦。〔註2〕

「之」字解釋作「往」、「到」的意思，即某爻往至他爻，他爻亦往至某爻，
兩爻互易之後成爲另一卦象。例如：泰五之二成既濟，即泰卦第五爻到第二
爻，並與之互易其位而成既濟，故既濟卦從泰卦而來。因此，「之卦」主要是
說明「某卦自某卦而來」。〔註3〕在虞翻之前，西漢京房（君明）以八宮統攝
六十四卦；而虞氏則在十二消息卦之基礎上，明確指出此十二消息卦如何生
出其他各卦，是繼京房「八宮卦變」之後，另一套較具完整的卦變說。〔註4〕

清儒惠棟《易例》有云：

> 「之卦」之說本諸〈象傳〉，而雜見于荀慈明、姚元直、范長生、侯
> 果、盧氏諸人之註，惟虞仲翔之說尤備而當。……其後李挺之作六
> 十四卦相生圖，用《老子》「一生二，二生三」之說，至于三而極；
> 朱子又推廣之，而用王弼之說，名曰「卦變」，且以己意增益，視李
> 圖而加倍，至作《本義》，又以二爻相比者而相易，不與卦例相符，
> 故論者謂不如漢儒之有家法也。〔註5〕

惠氏之說已將卦變之起源、發展及宋儒所作「卦變圖」的特色、得失作一簡
要之論述，總體而言，惠氏認爲漢儒所說較有家法，虞翻之論尤其完備而恰
當。漢儒之中，荀爽雖較虞翻早言卦變，然其說尚未構成一完整體系，故後

〔註2〕 參《潛研堂文集》卷4〈答問一〉，收入於（清）錢大昕撰；呂友仁校點：《潛
　　　 研堂集》（上海：上海古籍出版社，1989年11月），頁57。

〔註3〕 清人方申《周易卦變舉要》將旁通、反復、上下易、變化、往來、升降之法
　　　 皆歸於卦變，其自序云：「六爻改易者爲旁通，一爻改易者爲變化，則變化可
　　　 附於旁通焉；六爻移易者爲反復，一爻移易者爲往來，則往來可附於反復焉；
　　　 六爻交易者爲上下易，一爻交易者爲升降，則升降可附於上下易焉。」總而
　　　 言之，方氏認爲，一切卦象、爻象之任何變化皆可視作「卦變」，此爲廣義之
　　　 說，是造成卦變之各種方法；而此處所要探討之虞氏卦變，乃專指「某卦自
　　　 某卦而來」之問題，也就是指「消息生卦」。參（清）方申撰：《方氏易學五
　　　 書》（上海：上海古籍出版社，1995年，續修四庫全書本，第30冊），頁59
　　　 下。

〔註4〕 高懷民以爲漢《易》中稱得上卦變的僅有京房之八宮卦變及虞翻之卦變，以
　　　 其有理則、有系統，並且包括週全。參高氏所著：《兩漢易學史》（中國學術
　　　 著作獎助委員會，1970年12月），頁203～204。

〔註5〕 （清）惠棟撰：《易例（上）》（北京：中華書局，1985年，叢書集成初編本）
　　　 「虞氏之卦大義」條，頁15～16。

之言卦變者，多宗虞氏之說。虞氏卦變以十二消息爲主變之卦，十二消息卦代表十二月，「消」謂陽之消減，「息」謂陽之增長，皆是立於陽而言消息，故復、臨、泰、大壯、夬、乾六卦爲「息卦」；姤、遯、否、觀、剝、坤六卦爲「消卦」，隨著陰陽之相互消長，遂成十二消息卦，象徵著一年四季中之陰陽消長、氣候溫度的升降變化，此爲孟喜「卦氣說」內容之一。因此，虞翻卦變之整體架構即是以孟氏十二消息爲基礎，再吸取前人之說加以推衍，惠棟以爲虞翻大致是採荀爽的升降之法，馬宗霍《中國經學史》指出：

> 近儒（指惠棟）或謂其升降卦變本諸荀慈明者，荀書固亦爲翻所取，
>
> 然其家學夙承，蓋有緒也。〔註6〕

馬氏之意爲，荀爽之說雖爲虞翻所取，然其五世傳孟氏《易》之家學淵源，才是虞氏創立卦變說之內在因素。

第二節　卦變之內容

　　虞翻卦變之主要內容爲十二消息生卦，以復、臨、泰、大壯、夬、乾、姤、遯、否、觀、剝、坤生其他五十二卦，探討五十二卦分別來自何卦，此即屈萬里所說：「以爻位消息，推卦之所由來。」〔註7〕十二消息中，乾、坤兩卦爲一切變化之總根源，《周易參同契》首章有云：「乾坤者，易之門戶，眾卦之父母」，〔註8〕是眾卦之所由來皆本諸乾坤。因此，虞翻以乾、坤兩卦爲本，透過十消息卦，將六十二卦（除去乾坤兩卦）分成五組，分別爲：1. 一陽五陰之卦 2. 一陰五陽之卦 3. 二陽四陰之卦 4. 二陰四陽之卦 5. 三陽三陰之卦。每組有兩個消息卦，一陽五陰之卦自復、剝兩卦而來；一陰五陽之卦自姤、夬兩卦而來；二陽四陰之卦，自臨、觀兩卦而來；二陰四陽之卦，自遯、大壯兩卦而來；三陰三陽之卦，自泰、否兩卦而來，如此則五十二卦皆統攝於十二消息卦，此中雖有變例，但不失爲一完整之卦變系統。

　　在消息生卦之過程中，以一爻變動爲基本原則，此爲明末清初黃宗羲所

〔註6〕馬宗霍著：《中國經學史》（台北：臺灣商務印書館股份有限公司，1992 年 11 月，臺 1 版 7 刷），頁 65。

〔註7〕屈萬里著：《先秦漢魏易例述評》（台北：聯經出版事業公司，1984 年 7 月），頁 139。

〔註8〕劉國樑注譯、黃沛榮校閱：《新譯周易參同契》（台北：三民書局股份有限公司，1999 年 11 月）〈乾坤易之門戶章第一〉，頁 3。

指出，其於《易學象數論》中有云：

> 古之言卦變者，莫備于虞仲翔，後人不過踵事增華耳。一陰一陽之
> 卦各六，皆自復、姤而變；二陰二陽之卦各九，皆自臨、遯而變；
> 三陰三陽之卦各十，皆自否、泰而變；四陰四陽之卦各九，皆自大
> 壯、觀而變。中孚、小過爲變例之卦，乾坤爲生卦之原皆不在數中。
> 其法：以兩爻相易，主變之卦，動者止一爻。〔註9〕

黃氏在此指出十二消息具體生卦之法，即主變之卦以一爻動爲原則，依次與
他爻交易而分別形成另一卦，黃氏並根據此法制出「古卦變圖」（參本章附
錄），清儒胡渭在《易圖明辨》中稱之爲「虞仲翔卦變圖」。〔註10〕然黃氏所
謂二陰之卦實同四陽之卦，二陽之卦實同四陰之卦，因此在爻動之升降過程
中，難免有重出之卦，重出於大壯卦者，有大過、鼎、革、離四卦；重出於
觀卦者，有頤、屯、蒙、坎四卦，重出之卦共計有八。清儒張惠言嘗針對此
批評云：

> 李之才卦變有姤復、臨遯，而無大壯觀、剝夬，則例有不符，故朱
> 子重其卦以補之，不知所謂卦變者，謂其畫卦成，爻以此次耳，豈
> 有既自此來，復自彼來者哉？梨洲既知朱子重出之非矣，乃以意定
> 虞氏卦變有四陰四陽之卦自大壯、觀來而重者八，皆非虞氏本旨，
> 又何謬耶！〔註11〕

張惠言之意爲，眾卦既出於十二消息卦，則各卦之所來必當分明，例如，屯
卦爲二陽四陰之卦，而二陽四陰之卦皆自臨、觀來，若屯卦不自臨來，必自
觀來，不可同時從臨又從觀而來；卦有重出，則表示某卦之來源有二，此非
虞翻卦變之旨。暫且不論張氏之說是否符合虞氏之本意，黃宗羲能歸納出虞
翻卦變之方式，以一爻主變爲原則，對於我們理解虞翻之卦變有相當大之幫
助。以下根據李鼎祚《周易集解》所引虞翻《易》注，述虞氏卦變，一陰一
陽之例，因較有爭議，故置之最後。〔註12〕

〔註9〕　（清）黃宗羲撰：《易學象數論》（台北：臺灣商務印書館，1983年8月，景
　　　　印文淵閣四庫全書本，第40冊）卷2「卦變二」，頁31下～32上。
〔註10〕（清）胡渭輯著：《易圖明辨》（北京：中華書局，1985年，叢書集成初編本）
　　　　卷9「卦變」，頁187。
〔註11〕（清）張惠言撰：《易圖條辨》（上海：上海古籍出版社，1995年，續修四庫
　　　　全書本，第26冊），頁713下～714上。
〔註12〕需另加說明者，黃宗羲之「古卦變圖」雖已大抵指出虞氏卦變之方法、原則，
　　　　然重出之八卦是其美中不足之處，故底下所製之表格在分類上則不採黃氏所

一、四陰二陽，臨、觀之例

四陰二陽	臨		觀	
	所生之卦	虞　注	所生之卦	虞　注
正例	升	臨初之三	萃	觀上之四
	解	臨初之四	蹇	觀上反三〔註13〕
	明夷	臨二之三	晉	觀四之五
	震	臨二之四	艮	觀五之三
變例	屯	坎二之初	蒙	艮三之二
	坎	乾二五之坤，與離旁通。於爻，觀上之二	頤	晉初之四
	小過	晉上之三		

　　以上爲四陰二陽，臨觀之例，由圖表可知，自臨來者有升、解、明夷、震四卦；自觀來者有萃、蹇、晉、艮四卦；變例有屯、蒙、坎、頤、小過五卦。此五卦之所以不從臨、觀之例，除了小過之外，主要是因爲卦之來源有二：臨二之五爲屯，觀初之上亦爲屯；臨初之上爲蒙，觀二之五亦爲蒙；臨二之上爲頤，觀初之五亦爲頤；從虞翻之注文看來，坎卦似乎屬正例，以其明確指出坎卦來自觀卦，然而觀上之二雖爲坎，臨初之五亦爲坎，因此，說坎來自觀可，說其來自臨亦無不可，類似屯、蒙、坎、頤此種「消息兩歧」的情形，虞翻通常會另作解釋。

　　　　云「一陰一陽」、「二陰二陽」、「三陰三陽」、「四陰四陽」等分類方式，而改採「四陰二陽」、「四陽二陰」、「三陰三陽」等分類法。如此一來，可避免諸卦重出的情形；再者，此種分類爲虞翻《易》注中明文可見者。

〔註13〕考虞氏卦變，多以「之」字言爻畫之往來，鮮有用「反」字者，唯蹇卦注云「觀上反三」，反解作「返」。《易》例凡爻居內、或由外之內曰「來」，「觀上反三」即觀卦上爻返來居三之意。而虞翻此處捨「之」字而用「反」字，主要是爲了解釋蹇卦大象「君子以反身脩德」之「反身」；另外蹇卦爻辭多言往來，如〈蹇‧九三〉云「往蹇來反」，是知此處之「反」即「來」之意。換言之，「之」字包含往來，故「之」可概括「反」，而「反」不得概括「之」；「之」爲虞氏注之通例，「反」則爲特例。

　　至於小過，虞翻注云：「晉上之三。當從四陰二陽，臨觀之例，臨陽未至三，而觀四已消也，又有飛鳥之象，故知從晉來。」〔註 14〕小過爲四陰二陽之卦，其二陽之爻位在三、四，而臨之二陽在初、二，觀之二陽在五、上，若小過自臨、觀來，則臨、觀之二陽必皆變動，方有可能；如以黃宗羲所說的虞氏卦變「主變之卦，動者止一爻」之原則來檢驗，則小過實非臨、觀二卦所能變。又小過、坎、頤三卦爲「反覆不衰」之卦，虞翻在頤卦注中有云：

　　　晉四之初，與大過旁通。……反覆不衰，與乾、坤、坎、離、大過、
　　　小過、中孚同義，故不從臨觀四陰二陽之例。或以臨二之上，兌爲
　　　口，故有「口實」也。〔註15〕

所謂「反覆不衰」即一卦倒轉之後，其原來之卦象不變，六十四卦中，唯有乾、坤、坎、離、中孚、小過、頤、大過八卦爲「反覆不衰」之卦，其中乾、坤爲生卦之原、眾卦之祖；坎、離、頤、大過，皆涉及兩個卦源之問題；中孚、小過則不符合一爻主變之原則，因此，「反覆不衰」之卦，皆不屬於正例，而另爲別例。

二、四陽二陰，遯、大壯例

四陽二陰	遯		大壯	
	所生之卦	虞　注	所生之卦	虞　注
正例	无妄	*遯上之初	大畜	*大壯初之上
	家人	遯初之四	睽	大壯上之三（无妄二之五）
	革	遯上之初	鼎	大壯上之初
	訟	遯三之二	需	大壯四之五
	巽	遯二之四	兌	大壯五之三
變例	離	坤二五之乾，與坎旁通。於爻，遯初之五	大過	大壯五之初，或兌三之初（中孚上下象易）
	中孚	訟四之初		

〔註14〕（唐）李鼎祚輯：《周易集解》（北京：中華書局，1985 年，叢書集成初編本）卷 12，頁 298。
〔註15〕（唐）李鼎祚輯：《周易集解》卷 6，頁 141。

以上為四陽二陰，遯、大壯之例，自遯來者，有无妄、家人、革、訟、巽五卦；自大壯來者，有大畜、睽、鼎、需、兌五卦；變例有離、大過、中孚三卦。虞翻注中孚卦云：「訟四之初也。……此當從四陽二陰之例，遯陰未及三，而大壯陽已至四，故從訟來。」〔註16〕是中孚非遯、大壯依正常規律所能變，與四陰二陽之小過同義。離與大過之注文雖無違例，然而遯初之五成離，大壯二之上亦成離；遯二之上成大過，大壯初之五亦成大過，故兩卦亦當屬於變例。且中孚、離、大過皆為「反覆不衰」之卦，故別自為例，此上文已言及。

值得注意的是，无妄與大畜兩卦之注文，依虞翻行文之規律，无妄之注文當作：「遯初之三」，大畜卦之注文當作：「大壯上之四」。然而虞翻卻以无妄為「遯上之初」，大畜為「大壯初之上」，顯然虞翻此處所用之卦變方法非指「兩爻相易」，因為遯卦初、上兩爻相易為革卦，而非无妄卦；大壯初、上兩爻相易為鼎卦，而非大畜卦。因此，无妄注文「遯上之初」是指，遯卦上爻降居初位，而原本的初、二、三、四、五爻，依次遞升為二、三、四、五、上之爻位；大畜注文「大壯初之上」是指，大壯初爻往居上位，原本的上、五、四、三、二爻，依次遞降為五、四、三、二、初之爻位。

此種爻變之方式，民國徐昂稱之為「推遷」；正例中「兩爻相易」之爻動方式，徐氏則稱之為「互易」。〔註17〕「推遷」與「互易」不同，「互易」指兩爻相互交易往來；關於「推遷」，清人黃瓚稱之為「初上相反（返）例」，其特色為「來而不往，或往而不來」。〔註18〕例如：「遯上之初」成无妄，是「來而不往」；「大壯初之上」成大畜，是「往而不來」。此一解《易》方式為虞翻所獨創，除了无妄與大畜兩卦之外，虞翻於損、益兩卦亦用此例，故六十四卦中，虞氏以「推遷」釋《易》者，僅見於四卦。

虞翻在「互易」之外，創「推遷」之法解《易》，其主要目的是為了配合《周易》經文，〈无妄·彖辭〉有「剛自外來而為主於內」一句，无妄自遯而來，據虞翻之意，遯卦上爻移置初爻之位，其他爻之爻位，依次遞升；上爻本處外卦，今自上爻降居初爻，成為內卦之主，故云「剛自外來而為主於內」。

〔註16〕（唐）李鼎祚輯：《周易集解》卷12，頁294。

〔註17〕參徐昂著：《周易虞氏學》（台北：成文出版社，1976年，無求備齋易經集成本，第180冊）卷5「爻之」條，頁134。

〔註18〕參（清）黃瓚撰：《周易漢學通義·略例》（上海：上海古籍出版社，1995年，續修四庫全書本，第31冊），頁21。

如依正例「遯初之三」，即以遯卦初、三兩爻互易，則遯卦九三本在內卦，不得稱「外」。故虞翻以「遯上之初」來詮釋象辭之意，而不取「遯初之三」，其用意在此。而大畜卦，虞氏以「大壯初之上」取代「大壯上之四」，亦本於〈大畜‧象辭〉「其德剛上」之意。

另外，關於革與鼎兩卦，遯初之上爲革，大壯二之五亦爲革；遯二之五爲鼎，大壯初之上亦爲鼎。故說鼎自大壯來可，自遯來亦可；革自遯來可，自大壯來亦未嘗不可，因此，鼎、革兩卦之卦源應當另作解釋，然而虞翻對此並無作特別說明，於兩者僅擇其一，認爲革本於遯卦，鼎本於大壯卦。

三、三陰三陽，泰、否之例

三陰三陽	泰			否		
		所生之卦	虞　　注		所生之卦	虞　　注
正例		恆	乾初之坤四（即泰初之四）		咸	坤三之上，乾上之三（即否上之三）
		井	泰初之五		困	否二之上
		蠱	泰初之上		隨	否上之初
		既濟	泰五之二		未濟	否二之五
		賁	泰上之乾二，乾二之坤上（即泰二之上）		噬嗑	否五之坤初，坤初之五（即否五之初）
		歸妹	泰三之四		漸	否三之四
		節	泰三之五		渙	否二之四
		損	*泰初之上		益	*否上之初
變例		豐	泰二之四，噬嗑上來之三		旅	否三之五，賁初之四

以上爲三陰三陽，泰、否之例，自泰來者，有恆、井、蠱、既濟、賁、歸妹、節、損八卦；自否來者，有咸、困、隨、未濟、噬嗑、漸、渙、益八卦。三陰三陽之例，除了豐、旅兩卦爲變例之外，其餘諸卦皆屬正例。

損、益兩卦，虞翻採「推遷」之法，如以「互易」之法，損卦之注文當作：「泰三之上」，益卦之注文當作：「否四之初」。虞氏在〈繫辭上〉「備物致用，

立成器以爲天下利，莫大乎聖人」句下有云：「否四之初，耕稼之利。」〔註19〕於〈繫辭下〉「斲木爲耜，揉木爲耒，耒耨之利，以教天下，蓋取諸益」句下亦云：「否四之初也。」〔註20〕在〈繫辭〉中，有關益卦之解釋，虞翻所用的是「互易」之法，蓋以〈繫辭〉此處所云之重點在於聖人觀象制器，備物致用，以耕稼來說，聖人發明耒耜之耕作器具，以提高農作物之生產，主要是來自益卦之象的啓發，此處因非解釋卦辭、象辭之意，故直接以「互易」之法釋之。

　　由此可知，虞翻以「推遷」之法說明損、益兩卦之所由來，必有其特殊用意，其意在於表現出，損卦「損下益上」及益卦「損上益下」之旨。所謂「下」指初爻，「上」指上爻，此爲《周易》經傳本有之例，清人成蓉鏡《周易釋爻例》云：「凡初爻稱『始』，亦稱『下』。……凡上爻稱『終』，……亦稱『上』。」〔註21〕例如：乾卦初九象辭云：「潛龍勿用，陽在下也」、益卦初九象辭云：「元吉无咎，下不厚事也」等，皆爲初爻稱下之例；履上九與井上六之象辭皆曰：「元吉在上」、隨上六與巽上九之象辭皆曰：「上窮也」，此爲上爻稱上之例。因此，虞翻用「泰初之上」（往而不來）、「否上之初」（來而不往）之推遷法，以突顯「損下益上」（損）、「損上益下」（益）之旨，如以「互易」之法，則不足以顯發此義，與无妄、大畜同例。〔註22〕

　　此外，豐卦本從泰卦來，旅卦本從否卦來，此爲卦變之正例；但虞翻以爲，如體會經傳之文義，豐卦應自噬嗑而來，旅卦應自賁卦而來。前者爲一般之爻例，後者乃虞氏根據《易》辭而爲說。其注豐卦曰：

> 此卦三陰三陽之例，當從泰二之四。而豐三從噬嗑上來之三，折四於坎獄中而成豐，故「君子以折獄致刑」。……噬嗑所謂「利用獄」者，此卦之謂也。〔註23〕

虞翻指出，豐卦爲噬嗑卦之上爻與三爻相易而成，而噬嗑上九之所以與六三

〔註19〕 （唐）李鼎祚輯：《周易集解》卷14，頁350。

〔註20〕 （唐）李鼎祚輯：《周易集解》卷15，頁364。

〔註21〕 （清）成蓉鏡著：《周易釋爻例》，收入於（清）王先謙編刊、（民國）王進祥重編：《皇清經解續編（一）》（台北：漢京文化事業有限公司，無註明出版年月）卷1405，頁683～684。

〔註22〕 虞翻解无妄、大畜、損、益四卦，皆用「推遷」之法，依前文黃瓚之說，无妄、益「來而不往」，大畜、損「往而不來」；清人胡秉虔稱无妄、益「有來無往」，大畜、損「有往無來」，意皆同。參（清）胡秉虔撰：《卦本圖考》（北京：中華書局，1985年，叢書集成初編本），頁5、6、9、11。

〔註23〕 （唐）李鼎祚輯：《周易集解》卷11，頁268。

易位，主要是針對九四而來，虞氏注噬嗑卦辭「利用獄」有云：

> 坎爲獄，艮爲手，離爲明。四以不正而係於獄，上當之三，蔽四成豐，折獄致刑，故「利用獄」。〔註24〕

惠棟《周易述》疏解虞注曰：

> 《九家・說卦》曰：「坎爲律、爲叢棘」。叢棘，獄也，故「坎爲獄」。折獄從手，故「艮爲手」。離爲日，故爲明。〔註25〕

噬嗑三至五互坎，二至四互艮，外卦爲離。坎於木爲堅多心，故曰「叢棘」；古時於監獄外種植九棘，以囚禁罪人，因此「叢棘」爲「監獄」之代稱。〔註26〕「利用獄」即利於折獄，也就是決斷獄案，而判案貴在公正明察，故取外卦離日光明正大之象。噬嗑九四以陽居陰，本不當位，又居於坎獄之中，象徵著不正之人被繫於獄中，此時上來之三，判決九四之獄案，而成爲豐卦，故曰「折四於坎獄中而成豐」；原在噬嗑之坎象，至豐成兌象（豐卦三至五互兌），兌爲毀折、爲正秋，是西方之卦，五行屬金，有肅殺、用刑之象，故〈豐・大象〉曰：「君子以折獄致刑」。因此，虞翻認爲噬嗑卦辭「利用獄」，其實是指豐卦之「折獄致刑」，故稱豐卦自噬嗑而來。

又虞翻注旅卦云：「賁初之四，否三之五，非乾坤往來也，與噬嗑之豐同義。」〔註27〕依卦變之正例，旅卦當是否卦三、五兩爻互易，但虞氏據旅卦大象而認爲旅卦乃從賁卦而來。「乾」指否之上卦，「坤」指否之下卦，五爻在否上卦，三爻在否下卦，今旅不從否三、五爻相易而來，故云「非乾坤往來」。虞翻注〈旅・大象〉「君子以明愼用刑而不留獄」曰：

> 君子謂三，離爲明，艮爲愼，兌爲刑，坎爲獄。賁初之四，獄象不見，故「以明愼用刑而不留獄」，與豐「折獄」同義者也。〔註28〕

旅，上卦爲離，離日爲明；下卦爲艮，艮爲止，知止而後有定，故有「愼」象；三至五爻互兌，兌爲毀折、爲刑；賁卦二至四爻互坎，坎爲獄，賁初之四成旅，

〔註24〕 （唐）李鼎祚輯：《周易集解》卷5，頁115。

〔註25〕 （清）惠棟著：《周易述》，收入於（清）阮元編刊、（民國）王進祥重編：《皇清經解（一）》（台北：漢京文化事業有限公司，無註明出版年月）卷332，頁280下。

〔註26〕 虞翻注坎卦上六「係用徽纆，寘於叢棘，三歲不得，凶」有云：「坎多心，故『叢棘』。獄外種九棘，故稱『叢棘』。」參（唐）李鼎祚輯：《周易集解》卷6，頁152。

〔註27〕 （唐）李鼎祚輯：《周易集解》卷11，頁274。

〔註28〕 （唐）李鼎祚輯：《周易集解》卷11，頁275。

此時坎獄之象不見，象徵著君子能明察、謹愼地運用刑條，及時斷案，不使獄案延宕不決，此即「明愼用刑而不留獄」，而「不留獄」代表著已經「折獄」，能「折獄」則能「不留獄」，其義互見，故云與豐卦之「折獄」同義。

卦自剝、復、夬、姤、臨、觀、遯、大壯、泰、否而生者，謂之「爻例」，即卦變之正例，今虞翻對豐、旅兩卦的解釋不從爻例，而以爲豐自噬嗑、旅自賁，惠棟認爲虞氏所用之條例爲「兩象易」，〔註29〕所謂「兩象易」即一卦上下兩象相易，如「火雷噬嗑」兩象易則成「雷火豐」；「山火賁」兩象易則成「火山旅」。「兩象易」爲虞翻解《易》所用的條例之一，〈繫辭下〉提到宮室、棺槨、書契之發明，蓋取諸大壯、大過、夬，虞氏對此三卦之解釋皆採兩象易之例，〔註30〕豐、旅兩卦注文雖無明言兩象之例，但惠氏歸爲兩象，亦說得通。

四、一陽一陰，剝復、夬姤之例

一陽 五陰	復		剝	
	所生之卦	虞　　注	所生之卦	虞　　注
正例	豫	復初之四		
變例			謙	乾上九來之坤
	比	師二上之五	師	（缺）
一陰 五陽	姤		夬	
	所生之卦	虞　注	所生之卦	虞　注
變例	小畜	需上變爲巽	履	謂變訟初爲兌也
	大有	（缺）	同人	（缺）

一陽五陰之卦有復、剝、師、比、豫、謙六卦，依卦變之例，一陽五陰之卦應自復、剝而來，亦即師、比、豫、謙四卦均由復、剝兩卦而變，但在虞翻之注文中，僅有豫卦符合正例，謙卦九三爻，虞氏以爲自乾卦上九而來、比卦乃自師卦來，至於師卦之注文則缺。一陰五陽之卦有姤、夬、同人、大有、小

〔註29〕（清）惠棟撰：《易例（上）》「虞氏之卦大義」條，頁 16。

〔註30〕大壯、大過、夬三卦分別爲无妄、中孚、履兩象易，虞氏注有云：「大壯、大過、夬，此三蓋取，直兩象上下相易，故俱言『易之』。」見（唐）李鼎祚輯：《周易集解》卷 15，頁 368。

畜、履六卦，小畜、履、同人、大有應自姤、夬而來，然大有、同人之注有缺，小畜虞翻以為自需卦而變、履則自訟而變。因此，從注文來看，虞翻卦變系統的一陰一陽之卦，唯有豫卦符合一般之爻例，其餘皆屬變例，又虞氏之《易》注中，並無明文指出某卦為「一陰五陽之例」或「一陽五陰之例」，故清儒惠棟、張惠言、李道平等人，皆主張虞翻卦變中無一陰一陽之例。

值得留意的是虞翻謙卦之注，其文有云：「乾上九來之坤，與履旁通。……彭城蔡景君說『剝上來之三』。」〔註31〕惠棟《周易述》云：

蔡景君，傳《易》先師。景君言「剝上來之三」，剝之上九即乾也；以消息言之，故云「剝上來之三」。案：虞論「之卦」，无剝復、夬遘之例，景君之說，虞所不用也。〔註32〕

十二消息卦皆自乾、坤而來，故十二消息中，凡陽爻皆可稱乾，陰爻皆可稱坤，推而廣之，六十四卦中凡陽爻皆屬乾，陰爻皆屬坤，以乾坤為眾卦之父母。〔註33〕因此，剝之上九即乾之上九，故虞翻所說「乾上九來之坤」即蔡景君所云「剝上來之三」，其義同也。而惠棟指出，虞翻卦變無一陰一陽，剝復、夬姤之例，因此，「乾上九來之坤」應該理解為乾卦上九降居坤三而成謙，而非剝卦三、上兩爻互易，故虞氏不用蔡景君之說。〔註34〕

張惠言則進一步以為虞翻卦變之所以無一陰一陽之例，主要是因為剝、復、夬、姤無法生卦，其在《周易虞氏消息》有云：「復、遘、夬、剝无生卦，陰陽微不能變化。」〔註35〕胡祥麟《虞氏易消息圖說初稿》復申張氏之說，〔註36〕而黃瓚認為張惠言之說非是，黃氏云：

〔註31〕（唐）李鼎祚輯：《周易集解》卷4，頁91。「四庫全書本」及「叢書集成初編本」《周易集解》於「彭」字前皆有"○"之符號，以示與虞說區隔，然清儒惠棟《周易述》、張惠言《周易虞氏易》及李道平《周易集解纂疏》均無區隔之圈號，表示蔡氏之說為虞翻所引，今從之。

〔註32〕（清）惠棟著：《周易述》，參（清）阮元編刊、（民國）王進祥重編：《皇清經解（一）》卷332，頁275上。

〔註33〕參王新春撰：《周易虞氏學》（台北：頂淵文化事業有限公司，1999年2月），頁76。

〔註34〕惠棟云：「凡一陰五陽、一陽五陰之卦，皆自乾坤來。」參（清）惠棟著：《周易述》小畜卦注，收入於（清）阮元編刊、（民國）王進祥重編：《皇清經解（一）》卷331，頁268上。

〔註35〕（清）張惠言著：《周易虞氏消息》「八卦消息成六十四弟六」，參（清）阮元編刊、（民國）王進祥重編：《皇清經解（一）》卷1227，頁579下。

〔註36〕其說云：「此（指復卦）下無生卦者，復陽七不能生物也，與遘旁通。……剝

虞於謙引蔡景君云自剝，於豫注云自復；侯果、蜀才於同人云自夬。

以例求之，謙自剝，則履自夬也；豫自復，則小畜自姤也；同人自夬，則師自剝也。……張氏謂一陰一陽之辟無生卦誤矣。〔註37〕

黃氏之意爲，虞翻於謙卦注引蔡景君所云「剝上來之三」，又其豫卦之注云「復初之四」，此皆已明言剝、復能生卦。且虞翻引蔡景君之說，非必如惠棟所云引其說而不用，虞氏如不用蔡氏之說，又何必引？引而不用，依虞翻行文之規律，必有所批評，今無批評，又引而不用，似無道理。故虞氏引蔡氏之說應有兩種可能，一爲兼存其說，二爲引他說以證己說，不論虞翻之意如何，皆不會導出如張惠言所謂剝、復、夬、姤無法生卦之結論。〔註38〕因此，黃瓚根據虞翻解《易》之規則及蜀才、侯果等人之說，推出虞氏一陰一陽之例，今以表格示之如下：

一　陽　五　陰			
復 ䷗		剝 ䷖	
豫 ䷏	復初之四（虞翻說）	謙 ䷌	剝上反三（蔡景君說）〔註39〕
比 ䷇	復初之五	師 ䷆	剝上反二（蜀才說）
一　陰　五　陽			
姤 ䷫		夬 ䷪	
小畜 ䷈	姤初之四	履 ䷉	夬上反三
大有 ䷍	姤初之五	同人 ䷌	夬上反二（蜀才、侯果說）

之下無生卦，乾元退處于上，不能生卦也。……遯不生卦，其陰微也，遯之陰八，巽八也。……夬下無生卦，陰爲陽決，不能生也。」參（清）胡祥麟撰：《虞氏易消息圖說初稿》（北京：中華書局，1985 年，叢書集成初編本），頁 4、10、14、20。

〔註37〕　（清）黃瓚撰：《周易漢學通義‧略例》，頁 17。

〔註38〕　虞翻以「乾上九來之坤」成謙，又引蔡氏所說「剝上來之三」，說明謙卦九三勞謙之君子即剝卦上九碩果僅存之君子。因此，虞翻非不用蔡氏之說，相反的，應是引其說以證己意。另外，黃宗羲之「古卦變圖」中，一陰一陽之卦皆自復、姤而來，其意略同剝、夬無法生卦。

〔註39〕　侯果亦以謙卦自剝而來，其在〈謙‧象辭〉注有云：「此本剝卦。乾之上九來居坤三，是『天道下濟而光明』也；坤之六三上升乾位，是『地道卑而上行』者也。」參（唐）李鼎祚輯：《周易集解》卷 4，頁 92。

由此可知，復、剝、姤、夬四辟卦各生兩卦，從虞翻豫卦注「復初之四」，即可推出謙卦（豫之反卦）爲「剝上反三」，因爲復、剝爲反卦，復卦初爻即剝卦上爻，復卦四爻即剝卦三爻，因此，「復初之四」（豫）倒轉後即「剝上反三」（謙）。又復、姤相旁通，豫、小畜亦互相旁通，今既知豫自復來，則小畜必自姤來，豫爲「復初之四」，則可推小畜爲「姤初之四」；既知小畜爲「姤初之四」又可推其反卦履爲「夬上反二」，因爲姤、夬相反，所以姤初即夬上、姤四即夬三，故「姤初之四」（小畜）即「夬上反三」（履），只是觀測之角度正好倒轉而已。

從這裏我們可以發現，豫、謙、履、小畜四卦中，只要知道其中任何一卦之卦變條例，即可推出其他三卦。因爲，此四卦具有「循環錯綜」之關係，所謂「錯」是指旁通，「綜」指的是反卦，〔註40〕豫與謙相綜（即相反）、謙與履相錯、履與小畜相綜、小畜與豫相錯，故稱「循環錯綜」。〔註41〕通觀虞翻之《易》注，除了變例之卦外，皆可由錯綜關係逆推各卦之所由來，因爲十二辟卦本身就在錯綜關係中，故有此規律可循。

同樣的，比、師、同人、大有四卦亦具「循環錯綜」之關係，然而師、同人、大有三卦，虞翻之注皆缺，比卦之注又不符合正例，故無法利用比卦推出其他三卦之卦源。因此，黃瓚以蜀才同人自夬、師自剝之說爲主，推比自復、大有自姤。蜀才說《易》本於虞翻，其注文有關卦變之處，幾與虞翻相同，〔註42〕除了損、益兩卦，虞翻以「推遷」法釋之，而蜀才以「互易」法稍異於虞氏之外，其餘言及某卦自何而來，均採用虞翻之說。因此，蜀才以爲同人自夬、師自剝，極可能是虞翻之原意，故黃瓚所推一陰一陽之例，頗值得參考。〔註43〕

　　然而依虞翻卦變之法，主變之爻，應依次與他爻相交易，則復初之二爲師、初之三爲謙、初之四爲豫、初之五爲比、初之上爲剝；爲何復卦初爻越過二、三爻而逕往四爻成豫、至五爻成比，又止於五爻而不繼續往上？黃瓚之解釋爲：「復、姤陰陽尚微，故之應而後止位於五也。剝、夬陰陽已衰，故之應、正二，而終沒入於乾坤也。」〔註44〕復爲陽之始、姤爲陰之始，此時陰陽之氣尚弱，因此，初爻直接往應四爻，正位於五爻，故復卦「之應、正五」而生豫、比兩卦；姤卦「之應、正五」則生小畜、大有兩卦。陰陽之氣發展至剝、夬已極，極則衰，故上爻來應三爻，正位於二爻，是以剝「之應、正二」生謙、師兩卦；夬「之應、正二」則生履、同人兩卦，最後剝入坤、夬入乾，返回生卦之祖，終則有始，又開始另一次的大循環。

　　黃瓚之說不僅詮釋一陰一陽生卦之次，亦釐清了虞翻卦變一陰一陽之例的卦源問題，可謂善會虞注者也。然而虞翻當時或許未必有此想法，故雖心知有一陰一陽之例，但尚未尋出一恰當之詮釋方法來解決消息多歧的問題，所以虞氏無特別標出某卦爲「一陰五陽」或「一陽五陰」之例。因此，虞翻並非不用一陰一陽之例，只是此例在其卦變系統中如要遵循主變之爻依次與他爻相易之法，則會產生消息多歧的情形，所以如果以正常的卦變之法來檢驗，一陰一陽之卦應該全屬變例，故虞氏除了在豫卦言「復初之四」、在謙卦引蔡景君「剝上來之三」是採用一陰一陽之例，其餘則多以旁通之法解釋。

　　以上爲虞翻卦變之主要內容，六十四卦在此卦變系統底下，皆可井然有序地被安置著，而從虞翻之《易》注中，我們可以發現，其「卦變說」除了以黃宗羲所提出的主變之卦以一爻動爲原則之外，在十二消息生卦之觀念下，虞氏似乎欲確立各卦究竟出自哪一消息卦，並找尋其間變化之規律與法則。若在正常之爻例下，產生消息不一之情形，虞翻往往另尋他法解釋，其方法有二：

1. 從同例卦另尋卦源

　　例如，在四陰二陽，臨觀之例中，臨二之五、觀初之上皆可成屯；臨初之上、觀二之五皆可成蒙。因此，屯、蒙兩卦可說是兼自臨、觀而來，但虞

　　　　合，似非虞氏之意。參《潛研堂文集》卷4〈答問一〉，收入於（清）錢大昕
　　　　撰：呂友仁校點：《潛研堂集》，頁58。
〔註44〕（清）黃瓚撰：《周易漢學通義·略例》，頁17。

翻不說屯、蒙兼自臨、觀，亦不直接點出此兩卦自臨或自觀來，而以爲屯自坎來，蒙自艮來。在前文四陰二陽之例的圖表中，虞氏以屯卦爲「坎二之初」，即坎卦二爻與初爻互易其位而成屯卦，依一般爻例，坎卦爲「觀上之二」，故坎卦二爻乃自觀卦上爻而來，因此，「坎二之初」即「觀上之初」，其義同也；又虞氏以蒙卦爲「艮三之二」，而艮爲「觀五之三」，是艮三乃自觀五而來，故「艮三之二」義同「觀五之二」，由此可知，屯、蒙兩卦均間接自觀卦而來。

清人黃瓚指出，虞翻之所以言屯自坎、蒙自艮，是就「消息生卦之次第」而言，臨卦陽息至二，觀爲臨之反卦，從虞氏之注文裏，如暫不考慮變例與否，可推觀卦生卦之次序如下：觀上之四爲「萃」、上之三爲「蹇」、上之二爲「坎」、上之初爲「屯」；觀五之四爲「晉」、五之三爲「艮」、五之二爲「蒙」、五之初爲「頤」。屯在坎之後，故云屯自坎來；蒙在艮之後，故云蒙自艮來。〔註45〕由此可見，虞翻在處理一卦有兩個卦源的問題時，通常會透過間接之方式，選擇其一來解說，〔註46〕即便是頤卦，虞氏雖已明言此卦爲反覆不衰之卦，不從臨觀四陰二陽之例，故以「晉四之初」爲頤；然晉四本從觀五而來，故義同「觀五之初」，因此，頤卦也可說是間接從觀卦來。

2. 不言消息，多取旁通

此法多用在一陰一陽之例，如虞翻在小畜注云「需上變爲巽」、履卦注云「變訟初爲兌」即是以旁通之法釋之（詳下章），其解比、大有、師、同人諸卦亦多以旁通之象詮釋，而不從消息卦立說。

另外，關於「反覆不衰」卦的消息問題，先儒多有非議。「反覆不衰之例」，爲虞翻在頤卦注中所自云，乾、坤兩卦爲眾卦之祖不論，依此例則小過、中孚、頤、大過、坎、離諸卦，皆不應在正例之中，但是虞氏注文中並未徹底遵循此例，例如，其注大過云「大壯五之初」、注坎云「觀上之二」、注離云「遯初之五」，故錢大昕認爲虞翻於此「自紊其例」；〔註47〕黃瓚亦云：

> 虞氏謂坎、離、頤、大小過、中孚，反覆不衰，與乾、坤同義，不

〔註45〕參（清）黃瓚撰：《周易漢學通義》卷1，屯卦之注，頁55。
〔註46〕黃瓚認爲虞翻以屯、蒙間接從觀卦來，舉觀而不及臨者，義不備也，書不盡言，言不盡意，故注亦然。參（清）黃瓚撰：《周易漢學通義》卷1，屯卦之注，頁55。
〔註47〕參《潛研堂文集》卷4〈答問一〉，收入於（清）錢大昕撰；呂友仁校點：《潛研堂集》，頁58。

從二陰二陽之例，其說精矣。而不自持其說者，惑於俗解而游移也。
〔註48〕

其實，虞翻在此並無「自紊其例」，亦非惑於俗說而游移不定，其對於「反覆不衰」卦的消息問題，基本上亦是採取上述二法解決。頤自咎來是「從同例卦另尋卦源」；坎、離兩卦，虞氏注中雖云坎自觀、離自遯，然其解說此兩卦經文則不從消息卦立說，而多以旁通釋之；大過卦，虞翻以為「大壯五之初，或兌三之初」，在四陽二陰之例中，兌為「大壯五之三」，是兌三即大壯五，故「兌三之初」義同「大壯五之初」，因此，大過亦可歸作「從同例卦另尋卦源」之一例；至於中孚與小過則不是「消息不一」的問題，而是此兩卦非正常爻例所能變，對此虞氏以為小過自晉來、中孚自訟來，顯然也是「從同例卦另尋卦源」。由此可見，虞翻對於變例卦的處理方式，大抵不出「從同例卦另尋卦源」與「不言消息，多取旁通」兩種方法。

第三節　本章結語

　　總上所述，六十四卦中，凡有兩個卦源問題者，虞翻皆有說明，但不論虞氏以何種方法另作詮釋，其必遵循一個大原則，即不與《易》辭相違背，以變例卦來說，虞氏判定某卦本於某卦之標準仍是根據各卦之經文。舉上文所提到的屯卦為例，虞氏注〈屯‧卦辭〉「元亨利貞」曰：「坎二之初，剛柔交震，故『元亨』。之初得正，故『利貞』矣。」〔註49〕注〈屯‧象辭〉「剛柔始交而難生」曰：「乾剛坤柔，坎二交初故『始交』。確乎難拔，故『難生』也。」〔註50〕屯卦乃坎卦二爻與初爻相互交易而成，一卦之發展以初為始，以上為終，今坎二交初，故稱「始交」；虞翻以屯之初九與乾之初九同義，故云「確乎難拔」，〈序卦〉曰：「屯者，萬物之始生也」，〔註51〕物之始生為難，而屯之本義即是難，〔註52〕故「難生」。坎卦二爻為陽、為剛，初爻為陰、為柔，剛柔相交，坎變成屯，屯下卦為震，故曰「剛柔交震」；剛柔、陰陽相互

〔註48〕（清）黃瓚撰：《周易漢學通義‧略例》，頁18。
〔註49〕（唐）李鼎祚輯：《周易集解》卷2，頁37。
〔註50〕（唐）李鼎祚輯：《周易集解》卷2，頁38。
〔註51〕（唐）李鼎祚輯：《周易集解》卷17，頁431。今本「物」前無「萬」字。
〔註52〕《說文》「屯」字下曰：「難也。象艸木之初生，屯然而難。從中貫一，屈曲之也。一，地也。」參（漢）許慎撰、（清）段玉裁注：《說文解字注》（台北：黎明文化事業股份有限公司，1996年9月，初版12刷），頁22上。

往來則能通，故「元亨」；坎二以陽居陰、初以陰居陽，皆不得正，今初、二相交，兩爻皆正，故「利貞」，即利於兩爻變動歸於正位之意。可以看出，虞氏以「坎二之初」爲屯，完全是符合屯卦之經文。

對於消息兩歧之卦，虞翻唯一沒有作解釋的爲鼎、革兩卦，而鼎、革爲一組反對卦，由此我們可以發現，虞翻之《易》注是有規則可尋的，連違例之處亦不例外，觀其《易》注，若某卦有違例，其反卦亦必違例，如四陽二陰的无妄與大畜、三陰三陽的損、益以及豐、旅等卦皆互爲反對，故虞氏違例應有其用意，通常是爲了解釋《易》辭而稍作權變，並非故意自亂體例。

從這裏也可以看出，虞翻在注解某卦自某卦而來時，應是配合著其反卦，並將卦爻之變動結合各卦之辭，使整個卦變系統能符合《周易》經文，以達到注經之本意。因此，虞翻卦變系統並非只是純綷說明每卦之所由來而已，其目的是企圖能在不違背一爻主變之原則下，將六十四卦的卦爻辭納入卦變系統之中，就這一點來說，虞翻幾乎已快達到目的，其卦變說亦自成體系；但不能否認的是，虞氏在理論層次與詮釋方法上，似乎還不夠嚴密完整。因此，有些解釋雖符合《易》辭，但卻違反了卦變系統，然而觀其於兩者之間的取捨，更可了解虞氏「依經立注」之精神。

附錄：古卦變圖

屯
二之五

頤
二之上

三陰三陽之卦各十皆自泰否而變

泰
上

否

大過
二之上

鼎
二之五

欽定四庫全書

蠱
二之上

井
初之五

噬嗑
初之

益
二之四

恒
初之四

隨
上之

豐
二之

渙
二之四

既濟
二之五

未濟
二之五

賁
三之

困
二之上

歸妹
三之

漸
三之

節
三之五

旅
三之

損
三之上

咸
三之上

四陰四陽之卦各九皆自大壯觀而變

大壯

觀

重大過
初之五

重頤
初之五

易學象數論　卷二

重鼎
初之上

重屯
初之

重蒙
二之五

萃
上之四

晉
四之五

蹇
四之上

艮
三之五

重坎
二之上

重離
二之三

重革
二之五

兌
三之五

睽
三之上

需
四之五

大畜
四之上

變倒之卦二

欽定四庫全書

凡變卦皆從乾坤夾

小過

中孚

乾

坤

易學象數論　卷二

第五章　虞翻《易》學中之旁通問題

第一節　旁通之依據

　　「旁通」者，指兩卦六爻陰陽排列皆相對，此陰則彼陽，此陽則彼陰，如乾與坤、泰與否、師與同人等。《易經》卦、爻辭之制作，已有取乎旁通之象，例如泰之「小往大來」與否之「大往小來」、同人九五爻辭言「大師克相遇」等皆是。六十四卦中，每卦皆有旁通之卦，共有三十二組；凡兩卦旁通者，其義往往互見，蓋天地間之萬事萬物，皆由陰陽相互感應而成，陰陽不交則萬物不生，故陰陽必相交，則萬物得以通、萬事得以成，宇宙間之一切事物，方有進一步發展之可能。因此，旁通卦陰陽雖相互對立，但同時又是相互依存的，此爲「旁通」一例所揭示的自然之理。

　　而「旁通」一辭出自乾卦文言，清人方申《周易卦變舉要》提到：

　　　　〈乾·文言〉云：「六爻發揮，旁通情也。」陸績注云：「乾六爻發

　　　　揮變動，旁通於坤。」此旁通之法所由昉也。〔註1〕

陸績（西元 188～219 年）注文之意爲，乾卦六爻皆變動，旁通於坤，則乾坤交通，陰陽相變，遂成六十四卦，故能曲盡宇宙萬有之情態。清儒張惠言在《周易虞氏義》中曾細分「發揮」與「旁通」之別，其文曰：「當爻交錯，謂之發揮；全卦對易，謂之旁通。」〔註2〕此說明了「發揮」爲兩卦交流之過程，

〔註 1〕　（清）方申撰：《方氏易學五書》（上海：上海古籍出版社，1995 年，續修四
　　　　　庫全書本，第 30 冊），頁 59 下。

〔註 2〕　（清）張惠言著：《周易虞氏義》，收入於（清）阮元編刊、（民國）王進祥重

當兩卦六爻陰陽皆變,則稱作「旁通」。虞翻注〈說卦〉「發揮於剛柔而生爻」有云:「發,動;揮,變。變剛生柔爻,變柔生剛爻。」〔註3〕由此可以看出,陸氏所云乾卦六爻「發揮變動」應是本於虞翻之說。據《三國志》記載:「(陸)績容貌雄壯,博學多識,星曆算數無不該覽。虞翻舊齒名盛,龐統荊州令士,年亦差長,皆與績友善。」〔註4〕虞翻年長陸績近二十歲,其《易》注早已聞名當時,陸績既相與友善,則陸氏之《易》注,當有所取於虞氏。而〈乾・文言〉「六爻發揮,旁通情也」即虞翻用旁通之法解《易》之所本。

《周易集解》所存虞翻之注中提及旁通者計二十卦,列之如下:

卦	虞　　注	卦	虞　　注	卦	虞　　注	卦	虞　　注
復	與姤旁通	姤	與復旁通	剝	與夬旁通	夬	與剝旁通
豫	與小畜旁通	小畜	與豫旁通	謙	與履旁通	履	與謙旁通
比	與大有旁通	大有	與比旁通	師		同人	旁通師卦
臨	與遯旁通	遯				坎	與離旁通	離	與坎旁通
大畜	與萃旁通	萃		革	與蒙旁通	蒙	
鼎	與屯旁通	屯		頤	與大過旁通	大過	
恆	與益旁通	益		蠱	與隨旁通	隨	

注中言旁通者,雖僅見二十卦,然亦有不明言旁通,而實用旁通解《易》者,蹇與睽即是一例。張惠言《周易虞氏消息》有指出:「蹇、睽雖不言旁通,然蹇五注云:『睽兌爲朋』,是旁通睽也。……故此二卦與豫、小畜;萃、大畜同爲旁通,注闕耳。」〔註5〕虞翻以睽下卦兌朋之象解釋蹇卦九五爻辭「朋來」一辭,〔註6〕此即是用旁通卦之象來詮釋本卦之辭,因此清人李銳以爲虞

編:《皇清經解(一)》(台北:漢京文化事業有限公司,無註明出版年月)卷1218,頁465上。

〔註3〕 (唐)李鼎祚輯:《周易集解》(北京:中華書局,1985年,叢書集成初編本)卷17,頁404。

〔註4〕 楊家駱主編:《新校本三國志》(台北:鼎文書局,1997年5月,9版)卷57,〈虞、陸、張、駱、陸、吾、朱傳〉,頁1328。

〔註5〕 (清)張惠言著:《周易虞氏消息》「八卦消息成六十四弟六」,收入於(清)阮元編刊、(民國)王進祥重編:《皇清經解(一)》卷1227,頁577上。

〔註6〕 虞氏坤卦注有云:「二陽爲『朋』,故『兌,君子以朋友講習』」,虞翻以兌卦(三爻卦)二陽同類爲朋,故兌有「朋」一逸象。參(唐)李鼎祚輯:《周易集解》卷2,頁27。

氏注中如不言旁通，則無取於旁通之義的說法，並非事實。〔註7〕

　　另外，李銳在《周易虞氏略例》尙指出：「同人注云：『同人反師』，此『反』謂『旁通』，與六爻皆倒義別。」〔註8〕虞翻注同人九五爻辭有云：「同人反師」，又其注〈繫辭卜〉「蓋取諸夬」有云：「夬反剝」，此處之「反」皆指「旁通」而言，非一卦倒轉之謂。清儒惠棟《易例》曰：「有卦之反，有爻之反；卦之反，反卦也；爻之反，旁通也。」〔註9〕因此，「同人反師」與「夬反剝」之「反」字，當用「爻之反」來理解，此爲虞氏注中以「反」指「旁通」之少數例子。〔註10〕

第二節　旁通之作用

　　〈乾‧文言〉所云「六爻發揮，旁通情也」，僅是指出六爻的發揮變動，能廣通萬事萬物之情態；虞翻在此基礎上，進一步說明六爻究竟如何變動、如何廣通一切萬有之情。在虞翻的觀念裏，兩卦旁通，因其陰陽爻性相反，故有相變、相交之可能，猶如異性相吸、男女相感，因此本卦與旁通卦能夠相應，其所蘊含之卦爻象亦皆有密切之關係，甚至透過爻的變動，本卦與旁通卦亦可相互轉化，此爲虞翻對「旁通」一辭的獨特發明與創造。虞氏解《易》時運用旁通之處頗多，而從惠棟《易例》中之歸納，〔註11〕得知虞氏所言旁通之作用，可具體分析如下：

一、旁通相應

　　一卦六爻之中，初與四、二與五、三與上屬於相應之位，若兩爻分別爲一陰一陽則稱「應」，例如九五與六二，或六五與九二皆爲有應；若兩爻同爲陽爻或陰爻則爲「無應」，或稱「敵應」。《易緯乾鑿度‧卷下》有云：

〔註7〕關於此點，今人簡博賢已指出其謬。參簡氏所撰：〈虞翻周易注研究〉，《孔孟學報》第 34 期（1977 年 9 月），頁 94。

〔註8〕（清）李銳著：《周易虞氏略例》「反弟九」，收入於（清）王先謙編刊、（民國）王進祥重編：《皇清經解續編（一）》（台北：漢京文化事業有限公司，無註明出版年月）卷 626，頁 397 上。

〔註9〕（清）惠棟撰：《易例（下）》（北京：中華書局，1985 年，叢書集成初編本）「反卦」條，頁 82。

〔註10〕此「反」亦可作「返」解，詳下文。

〔註11〕參（清）惠棟撰：《易例（下）》「旁通卦變」及「旁通相應」條，頁 88～90。

卦者，挂也，挂萬物，視而見之。故三畫已下爲地，四畫已上爲天。
物感以動，類相應也。陽氣從下生，動於地之下，則應於天之下；
動於地之中，則應於天之中；動於地之上，則應於天之上。故初以
四、二以五、三以上，此謂之「應」。〔註12〕

又《易緯稽覽圖・卷上》曰：

陰陽升，所謂應者，地上有陰，而天上有陽曰｜應」，俱陰曰「周」；
地上有陽，而天上有陰曰「應」，俱陽曰「周」。〔註13〕

《易緯》已說明了「應」之內容與意義，虞翻解《易》亦本此例，如其注蒙
卦九二云：「應五據初」、注比卦六三云：「失位无應」、注泰卦初九云：「得位
應四」、注隨卦上六云：「乘剛无應，故『上窮也』。」

以上所云爲一卦六爻的相應關係，一般所謂的「應」即指此種爻位的相
應，然而虞翻以爲互爲旁通的兩卦亦能相應，因此，有時注文所說的「應」
是就旁通卦而說，非就本卦而言。其例如下：

1. 睽卦。虞翻注〈睽・彖辭〉「柔進而上行，得中而應乎剛」有云：「『柔』
謂五。无妄巽爲進，從二之五，故『上行』。『剛』謂應乾五伏陽，非應二也，
與鼎五同義也。」〔註14〕

案：虞翻在睽卦卦辭注中有云：「大壯上之三，在〈繫〉蓋取无妄二之五
也。」〔註15〕依虞氏卦變之例，睽卦爲大壯三、上兩爻互易而成，在〈繫辭
下〉「蓋取諸睽」則取无妄二、五互易，今虞氏不從大壯而以无妄爲說者，主
要是爲了配合彖辭「柔進而上行」之意。无妄三至五爻互巽，〈說卦〉云：「巽
爲進退」，虞翻注曰：「陽初退，故進退。」〔註16〕巽初爲陰爻，此時陽爻退
藏在下，陽退則陰進，陽爲剛，陰爲柔，故虞氏云「巽爲進」乃取「柔進」
之意。〔註17〕无妄六二上居五爻之位，故稱「上行」，如從大壯上之三，則柔
爲「下行」非「上行」矣。睽六五居上卦之中而「應乎剛」，虞翻認爲所應之

〔註12〕（日）安居香山、中村璋八輯：《緯書集成》（河北：河北人民出版社，1994
年12月），頁31。

〔註13〕（日）安居香山、中村璋八輯：《緯書集成》，頁126。

〔註14〕（唐）李鼎祚輯：《周易集解》卷8，頁187。

〔註15〕（唐）李鼎祚輯：《周易集解》卷8，頁186。

〔註16〕（唐）李鼎祚輯：《周易集解》卷17，頁422。

〔註17〕清人紀磊有云：「進以柔言，退以剛言，柔進則剛退，故爲進退。」由此可知，
巽之爲進、爲退，皆就初爻而言。參紀氏所撰：《虞氏逸象考正續纂》（上海：
上海古籍出版社，1995年，續修四庫全書本，第35冊），頁27下。

「剛」非指睽九二之陽爻，而是指伏藏在六五之下的陽爻，即蹇卦九五，睽與蹇旁通，因此，睽與蹇之同位爻亦能相通、相應，以其陰陽相反之故。

但虞翻何以知睽六五所應非睽九二而是蹇九五呢？惠棟《周易述》為之疏解云：「必知應乾五伏陽者，卦之二、五皆失位，例變之正，若五柔應二剛，非法也，故云『應乾五伏陽』。」〔註18〕惠氏認為睽卦二、五兩爻皆失位不正，故虞氏不云二爻相應，惠氏之意為，兩爻應當變動之正後方能相應。更進一步說，虞翻之所以言應乾五伏陽者，其意在解釋睽六五爻辭「厥宗噬膚」之「宗」字，此爻虞氏之注有云：「動而之乾，乾為宗」，〔註19〕六五以陰居陽失位不正，應變動之正，正則上卦成乾，「乾為天，天尊，故為宗。厥宗者，二之宗也。」〔註20〕六五為二之宗，然而陰卑不可為宗，故虞翻以「乾五伏陽」釋爻辭之「宗」。

2. 鼎卦。虞翻注鼎卦卦辭「元吉亨」云：「大壯上之初，與屯旁通。天地交，柔進上行，得中應乾五剛，故『元吉亨』也。」〔註21〕又其注〈鼎·象辭〉「柔進而上行，得中而應乎剛，是以元亨」亦云：「柔謂五，得上中，應乾五剛。巽為進，震為行，非謂應二剛，與睽五同義也。」〔註22〕

案：鼎卦之卦源有二，大壯上之初及遯二之五皆可成鼎，對此虞翻並無另作說明，僅以大壯初、上互易為說，此在前一章已提及。然象辭所云「柔進而上行」，當以遯二之五為說方合文義，且鼎卦與睽卦象辭均有「柔進而上行，得中而應乎剛」二句，而虞翻以為鼎五與睽五同義；在睽卦中，虞氏既以无妄二之五釋「柔進而上行」，同理可推，其於鼎卦亦當用「遯二之五」釋之。由此可知，關於鼎卦卦源兩歧之問題，虞翻乃兩存其說。

又睽五與蹇五相應，今鼎五所應之「剛」為屯卦九五，非鼎卦九二，故稱「與睽五同義」，必知鼎五所應為屯五者，清人李道平《周易集解纂疏》有云：「二、五皆失位，當變之正。五柔應二剛，為不義之應，故知應剛為應屯五乾剛，非應鼎二剛也。」〔註23〕李氏之說與上文所引惠棟解釋睽卦之辭類似。鼎

〔註18〕（清）惠棟著：《周易述》，收入於（清）阮元編刊、（民國）王進祥重編：《皇清經解（一）》卷338，頁326下。
〔註19〕（唐）李鼎祚輯：《周易集解》卷8，頁190。
〔註20〕（清）惠棟著：《周易述》，收入於（清）阮元編刊、（民國）王進祥重編：《皇清經解（一）》卷334，頁298下。
〔註21〕（唐）李鼎祚輯：《周易集解》卷10，頁245。
〔註22〕（唐）李鼎祚輯：《周易集解》卷10，頁246。
〔註23〕（清）李道平撰：潘雨廷點校：《周易集解纂疏》（北京：中華書局，1998年

卦六五爻辭云:「鼎黃耳,金鉉,利貞。」《周易折中》引胡一桂之說曰:

> 《程傳》及諸家,多以六五下應九二爲「金鉉」,《本義》從之。然
> 猶舉或曰之說,謂「金鉉」以上九言。竊謂:鉉所以舉鼎者也,必
> 在耳上,方可貫耳。九二在下,勢不可用,或說爲優。然上九又自
> 謂「玉鉉」者,金象以九爻取,玉象以爻位剛柔相濟取。〔註24〕

胡氏之說或許較能解釋鼎六五不應九二之原因,但是若鼎六五不與九二相
應,則六五象辭所云「鼎黃耳,中以爲實也」之「實」又該如何解釋?此處
虞氏注缺,惠棟《周易本義辨證》云:

> 陽實陰虛,六五得言實者,京君明曰:「陰雖虛,納于陽位稱實。」
> 六居五,故言「實」。李氏心傳曰:「資九二之中以爲實」,五不即二,
> 何資之有?〔註25〕

惠氏以京房之說解釋六五得以稱「實」之由,如依虞翻之意,當以六五之伏
陽爲「實」,故李道平曰:「伏屯五陽,陽爲實,其位在中,故『中以爲實也』。」
〔註26〕屯五有「屯其膏」一語,以「膏」爲「實」(食),亦是鼎五與屯五相
應之意。

　　以上爲虞翻將旁通相應之作用具體運用在解經之例,當然,其對睽、鼎
兩卦之詮釋,是否完全符合《周易》經文之原意,仍有待討論,但此種解《易》
之方式,至少爲我們提供另一種理解經文之途徑。

二、旁通生卦

　　在虞翻的《易》學觀念裏,旁通的另一重要作用即是生卦,其生卦之法,
可歸納爲以下兩種:

(一)互易法

　　此法主要用於乾、坤生坎、離兩卦上,虞翻注坎卦云:「乾二、五之坤,與
離旁通。於爻,觀上之二。」〔註27〕注離卦云:「坤二、五之乾,與坎旁通。於

　　　　　12月,1版2刷)卷6,頁446～447。
〔註24〕　(清)李光地纂;劉大鈞整理:《周易折中》(四川:巴蜀書社,1998年4月)
　　　　　卷7,頁409。
〔註25〕　(清)惠棟撰:《周易本義辨證》(上海:上海古籍出版社,1995年,續修四
　　　　　庫全書本,第21冊)卷4,頁335上。
〔註26〕　(清)李道平撰;潘雨廷點校:《周易集解纂疏》卷6,頁451。
〔註27〕　(唐)李鼎祚輯:《周易集解》卷6,頁148。

爻，遯初之五。」〔註28〕有時虞氏只道：「乾二、五之坤成坎、離」，〔註29〕「乾二、五之坤」即同時包含著「坤二、五之乾」，其義互見，文稍略耳。〔註30〕所謂「乾二、五之坤」即乾卦二、五兩爻往居坤卦二、五之位，則坤卦變坎；同時坤卦二、五兩爻亦往居乾卦二、五之位，則乾卦變離，此即「乾二、五之坤成坎、離」。

虞翻在說明乾、坤生坎、離的同時，亦解釋了乾坤與六子之關係，其注〈繫辭上〉「是故剛柔相摩，八卦相盪」云：

> 旋轉稱「摩」，薄也。乾以二、五摩坤，成震、坎、艮；坤以二、五摩乾，成巽、離、兌，故剛柔相摩，則八卦相盪也。〔註31〕

此段說明六子乃由乾、坤相摩擦、激盪而來。「薄」，迫也，故「摩」有陰陽、剛柔相互迫近、交感而旋轉、激盪之意。乾以二、五摩坤成坎，坎卦下互震、上互艮，故曰：「乾以二、五摩坤，成震、坎、艮」；坤以二、五摩乾成離，離卦下互巽、上互兌，故曰：「坤以二、五摩乾，成巽、離、兌」。而虞翻在解釋〈繫辭上〉「兩儀生四象，四象生八卦」亦據此為說，其注曰：

> 「四象」，四時也。「兩儀」謂乾坤也。乾二、五之坤，成坎、離、震、兌，震春兌秋，坎冬離夏，故「兩儀生四象」。……乾二、五之坤，則生震、坎、艮；坤二、五之乾，則生巽、離、兌，故「四象生八卦」。〔註32〕

從虞氏的《易》注中可以發現，其注坎、離兩卦，以及詮釋八卦間的關係與春夏秋冬四時之象時，多以「乾二、五之坤成坎，坤二、五之乾成離」來解說，而注文中所云震、艮、巽、兌之象皆就互體而言，此說明了，乾、坤生坎、離的同時，震、艮已含藏在坎中，而巽、兌也已含藏在離中。換句話說，在乾、坤相摩的當下，六子之象皆已同時蘊含其中，而以坎、離居關鍵之地位。

因此，虞翻以「乾二、五之坤成坎、離」，再以坎、離分別蘊含震艮、巽兌之說法，不僅再次強調乾、坤為眾卦之父母，同時亦突顯了坎、離兩卦之

〔註28〕（唐）李鼎祚輯：《周易集解》卷6，頁153。

〔註29〕見〈繫辭下〉「夫乾天下之至健也，德行恆易以知險」二句之注。參（唐）李鼎祚輯：《周易集解》卷16，頁397。

〔註30〕參王新春撰：《周易虞氏學》（台北：頂淵文化事業有限公司，1999年2月）卷16，頁1299。

〔註31〕（唐）李鼎祚輯：《周易集解》卷13，頁312。

〔註32〕（唐）李鼎祚輯：《周易集解》卷14，頁349。

重要性。朱伯崑以爲虞氏此說是對京房所云「乾坤者，陰陽之根本；坎離者，陰陽之性命」的發揮；〔註33〕周立升認爲此是吸取了《周易參同契》所說「坎離匡郭，運轂正軸，牝牡四卦，以爲橐籥」之思想，〔註34〕二說皆有理據。而虞翻本身對《周易》經傳亦有一己之心得與體會，其在〈繫辭〉注最後曾提及：「上經終坎、離，則下經終既濟、未濟；上〈繫〉終乾、坤，則下〈繫〉終六子，此《易》之大義者也。」〔註35〕《周易》六十四卦，上經以坎、離爲終，下經以既濟、未濟爲終，《易緯乾鑿度‧卷上》對此有作出解釋：「離爲日，坎爲月，日月之道，陰陽之經，所以終始萬物，故以坎、離爲終。……既濟、未濟爲最終者，所以明戒愼而存王道。」〔註36〕〈繫辭上〉篇末有「乾坤其易之縕邪」等語，故虞翻稱「上繫終乾、坤」；較特別的是〈繫辭下〉所云「將叛者其辭慙，中心疑者其辭枝，吉人之辭寡，躁人之辭多，誣善之人其辭游，失其守者其辭詘」，虞氏認爲此乃分別指坎、離、艮、震、兌、巽六子之辭，〔註37〕故云「下繫終六子」。上經終於坎、離，下經則終於既濟、未濟，既濟、未濟是坎、離之合；上〈繫〉終於乾、坤，下〈繫〉則終於六子，六子乃乾、坤所生。因此，虞翻以爲《周易》經傳最終之排列順序，有其深刻之道理存在，故曰「此《易》之大義者也」。〔註38〕

　　值得提出討論的是，虞翻所說的「乾二、五之坤成坎、離」，學者多以爲是受了荀爽「升降說」之影響，故以爻之升降方式解說。例如，林忠軍對虞氏此句之理解爲：乾二升至坤五成坎，坤五降至乾二成離；同時乾五降至坤二成坎，坤二升至乾五成離。〔註39〕而王新春則指出虞氏之意爲：乾卦二、五兩爻分別至坤卦二、五之位，同時坤卦二、五兩爻亦至乾卦二、五之位。〔註40〕前者指

〔註33〕參朱伯崑著：《易學哲學史》（台北：藍燈文化事業股份有限公司，1991 年 9 月），頁 238～239。

〔註34〕參周立升著：《兩漢易學與道家思想》（上海：上海文化出版社，2001 年 11 月）第十章〈虞翻的象數易學〉，頁 255。

〔註35〕（唐）李鼎祚輯：《周易集解》卷 16，頁 401。

〔註36〕（日）安居香山、中村璋八輯：《緯書集成》，頁 15。

〔註37〕參（唐）李鼎祚輯：《周易集解》卷 16，頁 400～401。

〔註38〕惠棟云：「此皆七十子所傳大義，故云：『此《易》之大義者也。』」參惠氏所著：《周易述》，收入於（清）阮元編刊、（民國）王進祥重編：《皇清經解（一）》卷 346，頁 397。

〔註39〕參林忠軍所著：《象數易學發展史（第一卷）》（濟南：齊魯書社，1994 年 7 月）第三編第四章〈虞翻象數易學（下）〉，頁 244。

〔註40〕參王新春撰：《周易虞氏學》，頁 102～103。

乾二與坤五、乾五與坤二互易；後者指乾五與坤五、乾二與坤二互易。兩者之不同在於，一爲「交錯互易」，一爲「平行互易」，虞氏所指，究竟爲何？坎卦卦辭「維心亨」下，虞翻注曰：「坎爲『心』，乾二、五旁行流坤，陰陽會合故『亨』也。」〔註41〕詳味「旁行流坤」、「陰陽會合」二句，虞氏之意當是以乾卦二、五兩爻平行往居坤卦二、五之位，同時坤卦二、五兩爻亦從另一方位平行而來，故稱「旁行」、稱「會合」，此處之「旁行」有「旁通」的意思，正因乾、坤互爲旁通卦，陰陽爻性相反，故能相感、相應而會合，陰陽會合、乾坤合德則能化生萬物、成就萬事，故稱「亨」，即「亨通」之意。因此，荀爽之「升降說」對虞翻雖有所啓發，但在此虞翻所用並非升降之法，故當以王氏之說爲是。

由此可知，乾、坤相摩成坎、離之生卦方式，其背後之原理應是前文所說的「旁通相應」，睽與鼎兩卦皆分別與其旁通卦之同位爻相應，即睽五應蹇五、鼎五應屯五，而乾、坤生坎、離，便是本著乾五應坤五、乾二應坤二之原則，故應歸於「旁通生卦」之例。

另外，虞翻用「乾以二、五摩坤成震、坎、艮；坤以二、五摩乾成巽、離、兌」來解說八卦之間的關係，學者多以爲此乃虞氏「乾、坤生六子」之說，並且與〈說卦〉所云乾坤相互求索有所不同。〔註42〕朱震《漢上易傳·叢說》有云：

> 《易》曰：「剛柔相摩，八卦相盪」，先儒（指虞翻）謂陰陽之氣旋轉摩薄，「乾以二、五摩坤成震、坎、艮；坤以二、五摩乾成巽、離、兌」，故剛柔相摩，則乾、坤成坎、離，所謂「卦變」也；八卦相盪，則坎、離卦中互有震、艮、巽、兌之象，所謂「互體」也。〔註43〕

引文所說之「卦變」，當理解成「旁通生卦」，但是若以乾、坤生坎、離，再就坎、離兩卦互體之象來解釋「乾、坤生六子」，則似乎不太合理，因爲此處之乾、坤、坎、離皆就六爻畫而言，爲何震、艮、巽、兌四子卻以三爻畫之互體釋之？八卦應該是一個整體，如以三爻爲說，便應全爲三爻；如以六爻爲說，則應全爲六爻，不當兩者摻雜其中。朱震《漢上易傳·叢說》曾提及

〔註41〕（唐）李鼎祚輯：《周易集解》卷6，頁148。

〔註42〕參周立升著：《兩漢易學與道家思想》，頁255。

〔註43〕（宋）朱震撰：《漢上易傳·叢說》（台北：臺灣商務印書館，1983年8月，景印文淵閣四庫全書本，第11冊），頁383上。

虞翻的旁通之法，其文云：

〈說卦〉曰：「天地定位，山澤通氣，雷風相薄，水火不相射。」六
子皆以乾、坤相易而成，艮、兌以終相易，坎、離以中相易，震、
巽以初相易，終則有始，往來不窮，不窮所謂通也。此虞翻、蔡景
君、伏曼容，旁通之說也。〔註44〕

〈說卦〉曰：「乾，天也，故稱乎父；坤，地也，故稱乎母；震一索而得男，
故謂之長男；巽一索而得女，故謂之長女；坎再索而得男，故謂之中男；離
再索而得女，故謂之中女；艮三索而得男，故謂之少男；兌三索而得女，故
謂之少女。」以三爻畫來說，乾、坤初次交索得長男、長女，其法爲乾、坤
初爻互易；再次交索得中男、中女，其法以乾、坤二爻互易；三次交索得少
男、少女，其法以乾、坤三爻互易，朱震指出，此乃「虞翻、蔡景君、伏曼
容，旁通之說」。以此推之，若要以六爻畫來解釋「乾、坤生六子」，則乾、
坤亦當分別「以初相易」、「以中相易」、「以終相易」，四、五、上爻居外卦「初、
中、終」之位，因此，乾、坤以初、四相易得震、巽；二、五相易得坎、離；
三、上相易得艮、兌，此應方爲虞翻以六爻畫解「乾、坤生六子」之內容，
且與〈說卦〉所云乾、坤初索、再索、三索的說法不相違背。是故，虞翻所
云「乾以二、五摩坤成震、坎、艮；坤以二、五摩乾成巽、離、兌」，旨在強
調八卦之間的蘊含關係，並非指「乾、坤生六子」的具體方法，所以專言坎、
離者，以坎、離爲乾、坤之用故。

從以上的論述，我們可以清楚知道，虞翻注坎、離兩卦所云「乾二、五
之坤」、「坤二、五之乾」是就「旁通生卦」來說；而其所說「於爻，觀上之
二」、「於爻，遯初之五」，是就「消息生卦」來說。那麼兩者之間的關係又如
何呢？就消息生卦來說，坎、離之卦源不一，因爲臨、觀皆可成坎，遯、大
壯皆可成離，虞翻之注僅舉其一而已；又虞氏早已明言坎、離乃「反覆不衰」
之卦，不在卦變的正例之中，故坎不當從臨、觀之例，離不當從遯、大壯之
例。事實上，虞氏在解釋坎、離兩卦亦不從觀、遯之角度爲說，而採「乾二、
五之坤」的旁通互易法詮釋，至於震、巽、艮、兌仍從爻例，以爻例方是消
息之正例。因此，乾、坤相摩而成坎、離之法，乃虞翻特別針對坎、離兩卦
而創發，這或許亦可視爲虞氏重坎、離思想之表現。

〔註44〕 （宋）朱震撰：《漢上易傳·叢說》，頁 377 下。

（二）遞變法

旁通生卦之方法，除了上面所說的「互易法」之外，另一種爲「遞變法」，此法亦是虞翻所獨創，而虞氏旁通生卦之精彩處即在此，其主要內容爲本卦由初至上或由上至初，依次變動，當六爻皆變時，本卦即變成其旁通卦。今舉例說明如下：

1. 豫變小畜

豫、小畜爲一陽一陰之卦，此例當從剝復、夬姤而來。虞翻注豫卦云：「復初之四，與小畜旁通。」〔註45〕注小畜卦云：「需上變爲巽，與豫旁通。」〔註46〕豫卦既從復卦初、四兩爻互易而成，以例推之，小畜當作「姤初之四」，即姤卦初、四兩爻互易則成小畜卦。然而在虞氏卦變中，一陽一陰之例多爲變例，故虞翻另以旁通生卦之法解釋，其觀念認爲，豫與小畜旁通，則豫卦自初而上遞變，即可成小畜之象，此變動之過程爲：豫初變成震、至二成歸妹、至三成大壯、至四成泰、至五成需、至上成小畜。（其圖如本章附錄所示）由此可知，小畜注中所云「需上變爲巽」，乃本於此法，此句是說，豫卦由初爻變至五爻時成需卦，需卦上爻一動，則豫卦六爻皆變而小畜之象成；在需上爻未變時，上卦爲坎，今上爻一變，坎象成巽象，故曰「需上變爲巽」。

虞翻在解釋豫和小畜兩卦時，即運用此種「遞變法」，例如：其注〈豫・象辭〉「天地以順動，故日月不過而四時不忒」有云：

> 豫變通小畜。坤爲地，動初至三成乾，故「天地以順動」也。過謂失度；忒，差迭也。謂變初至需，離爲日，坎爲月，皆得其正，故「日月不過」。動初時，震爲春，至四兌爲秋，至五坎爲冬，離爲夏，四時位正，故「四時不忒」。「通變之謂事」，蓋此之類。〔註47〕

豫卦由初而上依次變動即可通向小畜，故稱「豫變通小畜」。豫下卦爲坤，坤爲地，今豫卦由下而上，依序變動，變至三時，坤象成乾，乾爲天，故曰「天地以順動」。變至五成需，需上卦爲坎，三至五互離，離爲日，坎爲月，三至上四爻皆當位，故曰「日月不過」。又豫初變成震，震爲春；變至四成泰，泰二至四互兌，兌爲秋；變至五成需有坎、離之象，離爲夏、坎爲冬，此「四

〔註45〕（唐）李鼎祚輯：《周易集解》卷4，頁96。
〔註46〕（唐）李鼎祚輯：《周易集解》卷3，頁66。
〔註47〕（唐）李鼎祚輯：《周易集解》卷4，頁97。

時位正」，即豫初、四、五變動得位，同時使四時之象皆得正，故曰「四時不忒」。或許我們會問，豫變至二成歸妹、變至三成大壯，歸妹下卦爲兌、大壯三至五互兌，二者皆有兌秋之象，爲何虞翻獨以變至四之兌象釋之？此是因爲兌乃乾卦向坤三索而得，故兌之成象主要在上爻之陰，而豫變至四，陽變陰得正，又四陰處在兌之上爻，故虞氏主在取兌時得正之意，歸妹、大壯之兌象不正，故不取。

又虞翻注〈小畜・彖辭〉「密雲不雨，尙往也」曰：「密，小也，兌爲密。需坎升天爲雲，墜地稱雨。上變爲陽，坎象半見，故『密雲不雨，上往也』。」〔註48〕豫卦由初爻變至五爻成需，需二至四互兌，兌爲少女，故爲小、爲密。需上卦爲坎，坎爲水、爲雨；下卦爲乾，乾爲天，今坎象在天，表示雨水蒸發至天上成雲，故稱「密雲」。需卦上爻變動成巽，原本的坎象半見，故小畜有「密雲不雨」之象。又虞氏在〈小畜・九三〉「輿說輻」注曰：「豫坤爲車、爲輻，至三成乾，坤象不見，故『車說輻』。馬君（指馬融）及俗儒皆以乾爲車，非也。」〔註49〕豫下卦爲坤，〈說卦〉以坤「爲大輿」，輿即車也；「輻」指車中之直木，爲車輪之代稱，故曰「坤爲車、爲輻」；「說」通脫。豫自初爻變至三爻時，下卦之坤象成乾，乾象成則坤象不見，故小畜九三有車子與輪子脫離之象。

2. 謙變履

虞翻注履卦曰：「謂變訟初爲兌也，與謙旁通。」〔註50〕謙卦之卦源，虞氏以爲「乾上九來之坤」，即蔡景君所說「剝上來之三」。依例推之，履卦當作「夬上之三」。此是就「消息生卦」來說，今虞氏云「變訟初爲兌」是就「旁通生卦」而言。謙與履旁通，故謙卦六爻依次變動即可通向履卦，但需特別注意的是，謙變履之方式爲由上而下遞變，此和豫變小畜之由下而上之方式不同。清人黃瓚《周易漢學通義》指出：「旁通之先後有二法，一自下而上，一自上而下。」〔註51〕小畜卦注云「需上變爲巽」是「自下而上」之法，履卦注云「變訟初爲兌」是「自上而下」之法。因此，謙變履之過程爲：謙上變成艮、變至五成漸、變至四成遯、變至三成否、變至二成訟、變至初成履。

〔註48〕 （唐）李鼎祚輯：《周易集解》卷3，頁66。

〔註49〕 （唐）李鼎祚輯：《周易集解》卷3，頁67。

〔註50〕 （唐）李鼎祚輯：《周易集解》卷3，頁69。

〔註51〕 （清）黃瓚撰：《周易漢學通義》（上海：上海古籍出版社，1995年，續修四庫全書本，第31冊）卷1，頁75。

訟時下卦爲坎，初爻變動，坎變成兌，履卦之象亦成，故曰「變訟初爲兌」。是知虞翻以訟爲說，實本於由上而下之遞變法，而此法之先後之所以會有自上、自下之別，主要是因爲豫與謙爲反對之關係，豫卦「自下而上」變成小畜，從謙卦的角度來看，即是「自上而下」變成履。因此，將「豫變小畜圖」倒轉，即成「謙變履圖」（參本章附錄），故看似兩圖，其實只是一圖，此意味著，豫變小畜之過程，同時也是謙變成履的過程，而這也再次證明了虞翻解《易》是隨時配合著反對卦。

而從虞翻履卦之注文中，即可看出其運用旁通互變之方式詮釋此卦，虞氏在解釋履卦卦辭「履虎尾」有云：

> 謙坤爲虎，艮爲尾，乾爲人，乾、兌乘謙，震足蹈艮，故「履虎尾」。……
>
> 俗儒皆以兌爲虎，乾履兌，非也；兌剛鹵，非柔也。〔註52〕

虞翻認爲履卦卦辭「履虎尾」之象是取自謙卦，謙外卦爲坤，坤之所以爲虎，是從〈乾・文言〉「雲從龍，風從虎」引申而出，虞氏注此句曰：「乾爲龍，雲生天，故『從龍』也。坤爲虎，風生地，故『從虎』也。」〔註53〕雲生於天氣，風生於地氣，風既從虎，表示虎亦屬於地類，因爲萬物各以其類相聚，故坤有虎象。〔註54〕謙內卦爲艮，〈說卦〉曾提及艮「爲狗、爲鼠、爲黔喙之屬」，而狗、鼠及黔喙之屬多長尾，故「艮爲尾」；履之外卦爲乾，人是稟乾陽之氣而生，故「乾爲人」。〔註55〕謙卦由上而下遞變成履卦時，則履卦顯露在上，謙卦隱伏在下，故稱「乾、兌乘謙」，即履卦上乾、下兌之象乘在謙卦之上；又謙上卦爲坤虎，下卦爲艮尾，三至五互震，震於人身之象爲足，其初爻之陽正好在艮尾之上，故曰「震足蹈艮」，而在謙卦從上而下的變動過程中，乾人之象先成，象徵著人在行走之時，踩到老虎的尾巴，故曰「履虎尾」。

由此可見，虞翻是以整個謙卦成履的遞變過程解釋「履虎尾」，而其詮釋之次序亦是從上而下，不僅符合旁通互變之法，並且生動地描繪出「履虎

〔註52〕（唐）李鼎祚輯：《周易集解》卷3，頁69。

〔註53〕（唐）李鼎祚輯：《周易集解》卷1，頁13。

〔註54〕惠棟《周易述》云：「《內經》曰：『雲出天氣，風出地氣。』……〈鴻範〉曰：『曰風』，鄭注云：『風，土氣也。』凡氣非風不行，猶金、木、水、火非土不處，故土氣爲風。虎，土物也，坤爲土，是風從虎，亦是從其類也。」參惠氏著：《周易述》，收入於（清）阮元編刊、（民國）王進祥重編：《皇清經解（一）》卷347，頁400下。

〔註55〕參（清）李道平撰；潘雨廷點校：《周易集解纂疏》卷2，頁155。

尾」的形象動作，因此，虞氏以爲卦辭所說的「履虎尾」之象，是取自與履旁通的謙卦，而非履卦本身，此爲其不以「乾履兌」釋「履虎尾」之由。

又虞翻注〈履·象辭〉「柔履剛也，說而應乎乾」云：「坤柔乾剛，謙坤籍乾，故『柔履剛』。『說』，兌也。明兌不履乾，故言『應』也。」〔註56〕籍，履也、蹈也。「謙坤籍乾」謂以謙上卦之坤柔，踐蹈履上卦之乾剛，坤蹈在乾之上，故曰「柔履剛」。需特別注意者，虞翻在此足以履卦由上而下遞變成謙時，履乾逐漸爲謙坤所蹈之現象來詮釋「柔履剛」，其不採履卦本身「兌履乾」來解說，主要是因爲虞氏以爲兌爲剛而非柔，〈說卦〉有云兌「爲剛鹵」，因此，「兌履乾」乃「剛履剛」而非「柔履剛」，故虞氏從旁通遞變的角度來理解，而不取本卦之象。

由此可知，虞翻是以「謙變履」來詮釋「履虎尾」，以「履變謙」來詮釋「柔履剛」；此意味著虞氏以爲履卦卦辭之「履虎尾」與象辭之「柔履剛」非指同一事，故於注中特地說明自己的見解與其他《易》家不同之處。〔註57〕從履卦之注文可以看出，虞氏「旁通遞變法」的變動方式並非單向而是雙向的，其注〈謙·大象〉有云：「謙時坤在乾上，變而爲履」，〔註58〕以此類推，履時亦可變而爲謙，是故謙可以變成履，履亦可返回謙，如此則形成一種「循環遞變」之模式，在虞翻的觀念裏，兩旁通之卦是可以經由此種方式而相互轉換。

第三節　本章結語

經由以上之論述，我們不難發現，虞翻在運用旁通解《易》是相當靈活與巧妙的，其認爲凡兩卦旁通，則能相應，故可從兩卦所蘊含的一切卦、爻象來解釋經傳之辭。透過旁通相應、相感之作用，進一步亦能生卦，如乾、坤相摩而生坎、離，即是運用旁通相應作用之原理。「旁通生卦」在坎、離兩卦是利用「互易法」，但較特別的是「遞變法」，即本卦透過自下而上或自上而下之依次變動，最終可轉化成其旁通卦，而旁通卦亦可再轉換成本卦，如謙變履，履變返謙，此一「循環遞變」之方式，說明了虞翻將兩旁通之卦視爲一體之兩面，故有隱、顯之別；此卦如顯露在上，則彼卦亦同時隱伏在

〔註56〕（唐）李鼎祚輯：《周易集解》卷3，頁69。

〔註57〕參（清）黃贊撰：《周易漢學通義》卷1，頁81。

〔註58〕（唐）李鼎祚輯：《周易集解》卷3，頁70。

下，隱伏只是潛藏不見，並不表示沒有，隨著時間的推移、空間的變換，潛藏者亦終將發露，是知顯露僅是一時變現，並不代表永恆。此種「循環遞變」之法，也揭示出宇宙間一切事物雖恆處於變動之中，然自有其規律可尋，萬象之流轉變化看似雜亂無章，實亦各具條理。王新春有云：

> 虞翻的旁通說，其最大的理論建樹即在於，一方面，它從靜態上揭示了旁通之卦間陰陽的一顯一隱、對待互涵之妙。……另一方面，它又從動態上揭示了旁通之卦間陰陽的變化互通移轉化之妙。……一則在靜態上相互涵攝，一則在動態上相互轉化。〔註59〕

王氏之說頗能指出虞翻旁通說的意蘊。藉此，我們再回頭檢討本章第一節所提到虞翻注同人云「同人反師」、注夬云「夬反剝」之「反」字，其實可用「返」字來解說，同人與師、夬與剝皆互為旁通，因此有相互往返轉化之可能性存在，惠棟以「爻之反」來理解雖可通，然若以「循環往返」來詮釋，似乎更能符合虞氏注文之原意。此外，虞翻之《易》學觀中，旁通雖可利用變動之方法另成一卦，但「旁通生卦」與前章所論之「消息生卦」不同，正確地說，虞氏《易》學中所指的卦變，是以「消息生卦」為正例，其他如旁通、兩象易、反對等皆屬兼例。〔註60〕因此，「乾、坤生六子」應屬「旁通系統」，而非「卦變系統」，此點應當辨明，不可一併而論。

〔註59〕王新春撰：〈虞翻易學旁通說的哲理內涵〉，《哲學研究》（2001 年第 9 期），頁 44。
〔註60〕參（清）黃瓚撰：《周易漢學通義・略例》「消息」條下，頁 19。

附錄：豫變小畜圖、謙變履圖

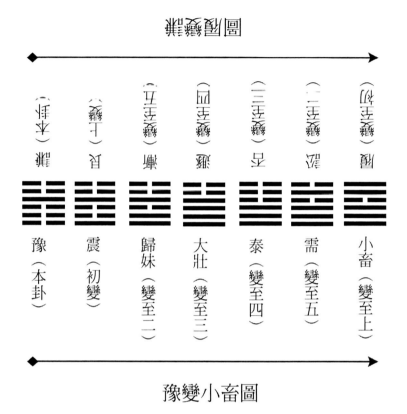

豫變小畜圖

第六章 虞翻解《易》之觀念與方法

第一節 虞翻解《易》之觀念

　　虞翻《易》學最明顯突出之處，即對《周易》經傳之文皆從「象」的角度來解說，觀其《易》注，幾乎無一處不言象，其取象亦多方，且能運用自如，靈活多變，故虞氏八卦逸象特多，而其取象之目的是要解通卦、爻之辭，以明辭之所繫，皆有象爲依據。然取象有盡而爻變無常，爻畫任何時刻皆處在變動之中，爻一變動，象亦隨之，故象以爻變而定。因此，我們可以說，虞氏《易》學以象爲主的背後其實是主變之思想，所以虞翻解《易》時大致以兩個觀念作主導：一爲「明象爲本」，旨在藉象以通辭，說明經傳之辭，無一字無來歷；二爲「變易爲常」，易道主變，卦之成象並非一成不變，六爻皆隨時有變易的可能，而虞翻之《易》注，即處處體現著此種變易之思想。今將其觀念述之如下：

一、明象爲本

　　虞翻解《易》以象爲本，其認爲聖人最初畫卦即是根據觀測天象而來，〈繫辭下〉「古者庖犧氏之王天下也，⋯⋯於是始作八卦」一段，虞氏注曰：

> 庖犧觀鳥獸之文，則天八卦效之。易有太極，是生兩儀，兩儀生四象，四象生八卦，八卦乃四象所生，非庖犧之所造也，故曰：「象者，像〔象〕此者也」，則大人造爻象以象天，卦可知也。而讀《易》者，咸以爲庖犧之時天未有八卦，恐失之矣。天垂象，示吉凶，聖人象之，則天已有八卦之象。〔註1〕

〔註 1〕 （唐）李鼎祚輯：《周易集解》（北京：中華書局，1985年，叢書集成初編本）

虞氏此段說明，八卦之象乃天體運行時，自然呈現之象，庖犧因仰觀天文，體會其中深邃之理，故效法天所垂示之象而造爻象。由首句引文可以看出，虞翻所理解的「鳥獸之文」似乎指星象之圖文，而非地面所見鳥獸之文采，陸績注云：「謂朱鳥、白虎、蒼龍、玄武四方二十八宿經緯之文」，〔註2〕其意蓋與虞氏同。因此，虞氏以為，庖犧畫八卦雖是透過觀察天地萬物而畫成，但更正確地說，畫卦之起源應始於對天象之模擬。

〈繫辭〉中有多處言「象」，虞氏皆以天垂八卦之象釋之，例如其在〈繫辭下〉「是故易者，象也」注云：「『易』謂日月在天成八卦象，縣象著明，莫大日月是也。」〔註3〕虞氏注《周易參同契》嘗云「易」字「從日下月」，《易緯乾坤鑿度‧卷上》亦曰：「易名有四，義本日月相銜。」〔註4〕又《易緯內篇》曰：「日月相逐為易。」〔註5〕「日月相銜」指字形的靜態結構；「日月相逐」指天體的動態運行，而懸掛在天空中最光明顯著的天體，莫過於太陽與月亮，此兩者是人類較容易、直接觀測到的對象，日月的更迭使整個世界都發生了變化。

那麼，天的「八卦之象」要如何解釋？虞翻以「月體納甲」作說明，其內容主要是以月亮之晦、朔、弦、望來象徵八卦之象，並將月亮昏旦出沒之處配合天干與五行之方位，以證「日月在天成八卦象」。在此先略述納甲、天干、五行之方位，虞氏注〈繫辭上〉「五位相得而各有合」云：

> 「五位」謂五行之位。甲乾乙坤相得合木，謂天地定位也；丙艮丁兌相得合火，山澤通氣也；戊坎己離相得合土，水火相逮也；庚震辛巽相得合金，雷風相薄也；天壬地癸相得合水，言陰陽相薄而戰於乾，故「五位相得而各有合」。〔註6〕

此段引文是合天干、五行、納甲而為說。天干配五行之位，其法為：東方甲乙木、南方丙丁火、中央戊己土、西方庚辛金、北方壬癸水。又納甲之法，乾納甲壬、坤納乙癸、震納庚、巽納辛、艮納丙、兌納丁、坎納戊、離納己。

　　　　　卷15，頁363。
〔註2〕 （唐）李鼎祚輯：《周易集解》卷15，頁363。
〔註3〕 （唐）李鼎祚輯：《周易集解》卷15，頁368。
〔註4〕 （日）安居香山、中村璋八輯：《緯書集成》（河北：河北人民出版社，1994年12月），頁87。
〔註5〕 （日）安居香山、中村璋八輯：《緯書集成》，頁322。
〔註6〕 （唐）李鼎祚輯：《周易集解》卷14，頁337。

是故以納甲言之，八卦之方位爲：乾坤在東、艮兌在南、震巽在西、坎離在中。清儒惠棟製有虞氏「八卦納甲之圖」，其圖如本章附錄所示。〔註7〕

虞翻注〈繫辭上〉「在天成象」曰：

謂日月在大成八卦，震象出庚，兌象見丁，乾象盈甲，巽象伏辛，艮象消丙，坤象喪乙，坎象流戊，離象就己，故「在天成象」也。

〔註8〕

月亮之盈虧變化有六個階段，初三時，月光始生，其形如弓，表示一陽始生，震卦一陽在下，與月相（月之相狀）合，黃昏時見於西方庚位，故稱「震象出庚」；初八，月上弦，其形半圓，表陽氣漸長，震一陽變成兌二陽，黃昏時見於南方丁位，故「兌象見丁」；十五月望，此時月相圓滿光明，表陽氣極盛，兌象成乾，黃昏時見於東方甲位，故「乾象盈甲」，而「納甲」之精義應於此見；十六日，月光乍虧，表示陽極陰生，巽卦一陰始生，陽退伏在下，平旦時沒於西方辛位，故稱「巽象伏辛」或「巽象退辛」；二十三日，月下弦，陰漸消陽，其象爲二陰之艮卦，平旦時沒於南方丙位，故稱「艮象消丙」；二十九日，月光盡失，以坤卦三陰象之，平旦時消失於東方乙位，故稱「坤象喪乙」；晦朔之間，「坎月晦夕藏於坤癸，朔旦與離日會合於乾壬」，〔註9〕是陽氣完全滅藏於癸位，而月亮與太陽交會於壬，故虞翻云：「乾主壬，坤主癸，日月會北」；同時月亮與太陽分別行至戊、己土位，相望於中宮，過此則一陽又復生，三日成震，八日……，終則有始，循環不已。

由此可知，月相盈虧之變化，上半月歷震、兌、乾之象，下半月歷巽、艮、坤之象，再加上坎月、離日之本象，此即虞氏所謂「日月在天成八卦象」。而虞翻解《易》採用「月體納甲」之法除了說明庖犧畫卦本於天象之八卦外，另一方面也以「月體納甲」揭示陰陽消長之理。虞氏注〈坤・象辭〉「西南得朋，乃與類行；東北喪朋，乃終有慶」云：

謂陽得其類，月朔至望，從震至乾，「與時偕行」，故「乃與類行」。陽喪滅坤，坤終復生，謂月三日，震象出庚，故「乃終有慶」，此指說易道陰陽消息之大要也。謂陽月三日，變而成震出庚，至月八日，

〔註7〕 參（清）惠棟撰：《易漢學》（北京：中華書局，1985 年，叢書集成初編本）卷 3，頁 37。

〔註8〕 （唐）李鼎祚輯：《周易集解》卷 13，頁 312。

〔註9〕 參徐昂著：《周易虞氏學》（台北：成文出版社，1976 年，無求備齋易經集成本，第 180 冊）卷 4「月體納甲」條，頁 91。

成兌見丁，庚西丁南，故「西南得朋」，謂二陽爲「朋」，故兌「君
子以朋友講習」。……二十九日，消乙入坤，滅藏于癸，乙東癸北，
故「東北喪朋」。謂之以坤滅乾，坤爲喪故也。馬君（融）云：「孟
秋之月，陰氣始著，而坤之位，同類相得，故『西南得朋』；孟春之
月，陽氣始著，陰始從陽，失其黨類，故『東北喪朋』。」失之甚矣！
而荀君（爽）以爲：「陰起於午，至申三陰，得坤一體，故曰『西南
得朋』；陽起於子，至寅三陽，喪坤一體，故『東北喪朋』。」就如
荀說，從午至中，經當言「南西得朋」；子至寅，當言「北東喪朋」。
以乾變坤而言「喪朋」，經以乾卦爲喪耶！此何異於馬也。〔註10〕

在虞翻看來，坤卦象辭所說的「西南得朋」、「東北喪朋」即是月相盈虧之變
化。「西南得朋」指上半月由朔至望、從震至乾，表示陽息陰消，象徵著陽氣
得其同類，故曰「得朋」；「東北喪朋」指下半月由明轉晦，從巽至坤，表示
陽消陰息，象徵著陽氣失其同類，故曰「喪朋」。而從「西南得朋」經「東北
喪朋」再到下一次「西南得朋」之過程正是一個朔望月，這是從月亮的圓缺
來說明一個月之中，陰陽消長之歷程，故虞翻以爲此乃「易道陰陽消息之大
要也」。

　　和十二消息相同，虞翻以「月體納甲」論消息亦是就陽氣之立場而說，
因此不論「得朋」、「喪朋」皆是以陽爲主。從實際的天文現象來說，虞翻的
觀點應該是正確的，眾所周知，月亮本身不會發光，它吸收太陽之光，我們
所見到的月光其實是太陽光的反射，而此點古人早已知曉，因此，月亮盈虧
之變化即是光明消長之過程，故《周易參同契》作「東北喪其明」，南宋朱子
云：「借《易》『朋』字作『明』字也。」〔註11〕所以虞翻以二陽爲朋，正與
天象符合。

　　馬融以坤卦在文王後天八卦中位於西南，從月份來說，正值六、七月之
間，也就是季夏與孟秋之際，此時陰氣已顯，而坤屬陰，表同類相得，故稱
「西南得朋」；艮卦在後天八卦中位於東北，值季冬（十二月）與孟春（正月）
之際，此時陽氣已顯，陰失其黨類，故稱「東北喪朋」。而荀爽以爲陰氣始於
五月（午），十二辟卦中，姤爲五月之卦，姤一陰始生，故「陰起於午」，自

〔註10〕（唐）李鼎祚輯：《周易集解》卷2，頁27。
〔註11〕（宋）朱熹撰：《周易參同契考異》（北京：中華書局，1985年，叢書集成初
　　　　編本），頁7。

五月姤，歷六月（未）遯、七月（申）否，否內卦爲坤，「得坤一體」故「得朋」；陽氣始於十一月（子）復卦，復一陽始生，歷十二月（丑）臨、正月（寅）泰，泰內卦爲乾，「喪坤一體」故「喪朋」。

可以看出，馬融與荀爽是從氣候上說，而虞翻則從天文上說，但虞氏批評二家之說的主要原因在於，馬、荀二氏皆從「陰」之立場言得喪，與十二消息以「陽」爲主的觀點不同，因此，虞翻對於坤卦象辭的解釋不採卦氣之說，而以「月體納甲」言一月之消息，這是爲了貫徹易道「以陽爲主、以陰爲輔」之思想，虞氏所謂「陰陽消息之大要」的眞正意義在此；當然，另一方面也是爲了解說《易》辭，從「西南得朋」到「東北喪朋」，不論就月之相狀、月昏旦之出沒方位、月光之消長來說，皆與月體運行實際情況相合，此種將《易》辭、月相、方位、消息等融合在一起，方是虞翻以納甲詮釋坤卦象辭之用心所在。

需要指出的是，虞翻以納甲解《易》，雖亦以之言陰陽消息，然其旨在說明「日月在天成八卦象」，以證八卦乃自天象而出，〔註12〕而此天象即包含著三才，其注〈繫辭下〉「爻也者，效此者也；象也者，象此者也」云：

效法之謂坤，謂效三才以爲六畫；成象之謂乾，謂聖人則天之象分爲三才也。〔註13〕

虞翻認爲庖犧觀日、月運行所垂示之象，而制作爻象以模擬之，其方法是將天象三分，以象徵天、地、人三才，再效法乾天之象，重三才以爲六畫，故其〈繫辭上〉之注有云：「『象』謂三才八卦在天也，庖犧重爲六畫也。」〔註14〕謂庖犧效法三才八卦之象，將三才各自相重以成六畫之卦，是以兩爻表徵一才，六爻爲三才，則三才之道仍不變，此即〈繫辭下〉所云：「《易》之爲書也，廣大悉備。有天道焉，有人道焉，有地道焉。兼三才而兩之，故六；六者，非它也，三才之道也。」

總而言之，虞翻以爲一卦六爻兼備天、地、人道三才，而三才之象是對宇宙萬事萬物情態之模擬，故其辭皆本之於象。惠棟《易例》曰：

〔註12〕蕭漢明、郭東升認爲魏伯陽之「月相納甲說」方是以陰陽消長爲主，虞翻立意與魏氏不同。參蕭、郭二氏所著：《周易參同契研究》（上海：上海文化出版社，2001年1月）第九章「虞翻易學與周易參同契」，頁178。

〔註13〕（唐）李鼎祚輯：《周易集解》卷15，頁361。

〔註14〕此爲〈繫辭上〉「聖人有以見天下之賾，而擬諸其形容，象其物宜，是故謂之象」之注文。參（唐）李鼎祚輯：《周易集解》卷13，頁325。

> 八卦由納甲而生,故〈繫辭〉曰「在天成象」、「易者,象也;象也
> 者,象也」,古只名象,〈皋陶謨〉帝曰:「予欲觀古人之象」是也。
> 至周始有三易之名,然《春秋傳》曰「見易象」,則象之名,猶未亡
> 也。夏建寅,象首艮,故謂之「連山」;商建丑,象首坤,故謂之「坤
> 乾」,坤以藏之,又謂之「歸藏」;夏商占七八,文王演易始用九六,
> 以變者爲占,故謂之「易」。〔註15〕

惠氏所云「八卦自納甲而生」是本虞翻「日月在天成八卦象」之說,而從惠
氏對易名之考察來看,周代以前,「象」爲易之通稱,至周始有「連山」、「歸
藏」、「周易」三個不同的名稱,然「象」之本名猶未全然被人遺忘。由此可
知,三代之易雖因文化象徵不同而有異名,然其來源本於「象」之事實,是
不會隨著名稱而有所改變的。因此,如欲解通《易》辭,應先從「象」著手,
故研《易》當以「明象爲本」,易之象明則義理自在其中,此爲虞翻解《易》
之首要觀念。

二、變易爲常

　　虞翻解《易》的另一重要觀念即爻畫隨時處於變動之中,〈繫辭下〉曰:
「八卦成列,象在其中矣;因而重之,爻在其中矣;剛柔相推,變在其中矣;
繫辭焉而命之,動在其中矣」,虞氏注云:

> 「象」謂三才成八卦之象,乾坤列東,艮兌列南,震巽列西,坎離
> 在中,故「八卦成列」,則「象在其中」,天垂象,見吉凶,聖人象
> 之是也。謂參(三)重三才爲六爻,發揮剛柔,則「爻在其中」;六
> 畫稱爻,六爻之動,三極之道也。謂十二消息,九、六相變,剛柔
> 相推而生變化,故「變在其中矣」。謂繫彖、象九六之辭,故「動在
> 其中」,鼓天下之動者存乎辭者也。〔註16〕

虞氏以「八卦成列,象在其中」即前文所云「日月在天成八卦象」之意,故
同樣以納甲解釋,而庖犧在觀測天所垂示之象後,「三分天象以爲三才」,〔註
17〕每爻各自相重,三爻則三重,故曰「參重三才爲六爻」,此即虞氏所云:

〔註15〕 （清）惠棟撰:《易例（上）》（北京:中華書局,1985年,叢書集成初編本）,
　　　　 頁4。

〔註16〕 （唐）李鼎祚輯:《周易集解》卷15,頁359。

〔註17〕 見虞氏注〈繫辭下〉「象者,材也」之文,參（唐）李鼎祚輯:《周易集解》
　　　　 卷15,頁368。

「庖犧引信三才，兼而兩之以六畫」。〔註18〕庖犧取坤法乾、地法天之精神，建立每卦六爻之數，再經六爻畫之「發揮剛柔」、「觸類旁通」，則六十四卦、三百八十四爻皆在其中，是自「六畫以成六十四卦」，〔註19〕故虞翻云：「庖犧則天八卦，通為六十四」。〔註20〕在生爻、卦之過程中，剛柔相互推移、陰陽九六相變，宇內天、地、人三極變化之道皆在其中，故〈繫辭下〉曰：「爻也者，效天下之動者也」，即三百八十四爻象皆是效法天地萬象複雜之變動而設立，陸績云：

> 天道有晝夜、日月之變也；地道有剛柔、燥濕之變；人道有行止、
> 動靜、吉凶、善惡之變，聖人設爻以效三者之變動，故謂之爻者也。

〔註21〕

陸氏之說是根據〈說卦〉「立天之道，曰陰與陽；立地之道，曰柔與剛；立人之道，曰仁與義」加以衍申，明白指出聖人觀變設爻之情況。因此，庖犧觀天之陰陽、地之剛柔、人之仁義，設三百八十四爻以效三才變化之道，文王上則庖犧，觀象繫辭，為六十四卦繫屬象辭（卦辭）、為三百八十四爻繫屬象辭（爻辭），爻有陰陽，陽為九、陰為六，故云「繫象、象九六之辭」。文王觀天下之動而繫辭，故「動在其中」，而能鼓動天下之行動、作為的，在於六十四卦、三百八十四爻所繫之辭，故宋衷曰：「欲知天下之動者，在於六爻之辭也。」〔註22〕

而吉凶悔吝皆出於爻畫之變動，〈繫辭下〉曰：「吉凶悔吝者，生乎動者也」，虞翻注云：

> 動，謂爻也，爻者，效天下之動者也。爻象動內，吉凶見外，吉凶
> 生而悔吝著，故生乎動也。〔註23〕

〔註18〕見〈繫辭上〉「引而伸之」之注，參（唐）李鼎祚輯：《周易集解》卷14，頁339。
〔註19〕見虞氏注〈繫辭上〉「觸類而長之」之文，參（唐）李鼎祚輯：《周易集解》卷14，頁339。
〔註20〕見〈繫辭下〉「作易者，其有憂患乎」之注文，參（唐）李鼎祚輯：《周易集解》卷16，頁385。
〔註21〕見陸氏注〈繫辭下〉「道有變動，故曰爻」之文，參（唐）李鼎祚輯：《周易集解》卷16，頁395。
〔註22〕見宋氏注〈繫辭上〉「鼓天下之動者存乎辭」之文，（唐）李鼎祚輯：《周易集解》卷14，頁356。
〔註23〕（唐）李鼎祚輯：《周易集解》卷15，頁359。

爻畫乃聖人觀天下之動而設，一卦六爻，其中任何一爻變動，全卦之象即不同，吉凶悔吝亦伴隨而生，故「爻象動內，吉凶見外」，象徵著人間事之吉凶悔吝皆出於人之所作所為，〈繫辭上〉曰：「吉凶者，失得之象也；悔吝者，憂虞之象也」，虞氏注云：「吉則象得，凶則象失也。悔則象憂，吝則象虞也。」〔註24〕《易》辭所言之吉凶象徵著人事上的成敗與得失，悔吝則象徵著憂愁與慮慮，而人事上的表現其實就是爻象之反映。在虞翻的觀念中，爻位之得正、失正便是吉、凶之象，〈繫辭上〉曰：「吉凶者，言乎其失得也；悔吝者，言乎其小疵也；无咎者，善補過也」，虞氏注云：

> 得正言「吉」，失位言「凶」也。失位為咎，悔，變而之正，故「善補過」。孔子曰：「退思補過」者也。〔註25〕

虞翻解《易》相當注重爻的當位與否，當位則吉利，不當位則為凶咎，遇咎能悔過變正則无咎，正如人們在處事上遭遇災禍，通常表示行為上有所過失，此時如能及時悔過，痛改前非，則不致使過錯繼續加深、蔓延，若能藉此教訓，化悲憤為力量，乃至成就功業者，是真謂「善補過」也。對比之下，「吉凶」較偏重外在的成敗現象，「悔吝」說的是內在的心理活動，但吉凶不是永遠固定不變的，今日之吉或許正所以成明日之凶，唯有時時反躬自省，後悔昨日之非是，吝惜先前之所失，知非即離，勇於改過者，方能在立身行事上永保吉利无咎，〈繫辭上〉所云「震无咎者存乎悔」，此之謂也。

因此虞翻認為，爻象不正者皆需變動為正，就如同顏回「有不善未嘗不知，知之未嘗復行」一般，而眾人也應當效法顏氏此種克己復禮、知過即改，且永不再犯的道德勇氣，故虞氏注〈繫辭下〉「若夫雜物撰德，辨是與非，則非其中爻不備」云：

> 撰德謂乾。辯，別也。是，謂陽；非，謂陰也。中，正。乾六爻，
> 二、四、上非正；坤六爻，初、三、五非正，故雜物。因而重之，
> 爻在其中，故非其中，則爻辭不備，道有變動，故曰爻也。〔註26〕

從注文可以看出，虞翻對「非其中爻不備」之理解有別於其他《易》家，此句虞氏斷作「非其中，爻不備」，並以「正」釋「中」，故全句解成：一卦六爻，凡不當位者，其爻辭則不完備。以乾、坤兩卦來說，乾卦的二、四、上

〔註24〕（唐）李鼎祚輯：《周易集解》卷13，頁314～315。
〔註25〕（唐）李鼎祚輯：《周易集解》卷13，頁316～317。
〔註26〕（唐）李鼎祚輯：《周易集解》卷16，頁392。

爻與坤卦的初、三、五爻皆不當位，前者以陽居陰，後者以陰居陽，陰陽錯居，故稱「雜物」。〔註27〕而爻畫是主變的，〈繫辭上〉曰：「爻者，言乎變者也」，虞氏注云：「爻有六畫，所變而玩者，爻之辭也，謂九、六變化，故『言乎變者也』。」〔註28〕爻辭是專講陰陽九六之變化的，君子平時觀爻變而玩其占，是爻畫乃變動不居，以動者尚其變，故爻主動、主變。

由前文之敘述可知，爻畫雖時時處於變動之中，然六爻之動，並非毫無目標地盲目亂變，而是以「之正」為目的，使爻位不正者皆歸於正，全卦則趨於既濟定位。因此，凡陰陽失位者，皆需變而之正，虞翻在解釋〈繫辭上〉「六爻之動，三極之道也」指出：「陰陽失位則變，得位則否，故以陰居陽位，陽居陰位則動。」〔註29〕然此一爻動之原則，虞氏在實際運用時絕不是呆板的，不當位者，可透過變動而之正；得位者本應守正不變，但有可能因不安其位，妄動而得凶者，也有可能因一時權變，終則由權返經者，因此，爻動雖以變正為目的，但真正在解卦時，仍需考慮到相當多的因素。

正是此種變易之觀念，使得虞翻在看待卦象時，皆是從變動的角度出發，而隨著爻畫的剛柔相易、九六相變，則爻與爻、爻與卦之間的內在關係亦不斷地在變動之中，因為任何一爻之遷動，其他爻均會受影響，當然，其間所形成之象亦變化無常。所以虞翻解卦時，其取象亦隨著爻動而變，故其《易》注雖有「論象太密」〔註30〕之譏，但虞氏乃著眼於卦象背後的變易之理，〈繫辭下〉曰：「易之為書也不可遠，為道也屢遷。變動不居，周流六虛，上下无常，剛柔相易，不可為典要，唯變所適。」是易道以變為主，《周易》以「易」為名，即取「變化」之義，〔註31〕而變動方是宇宙萬事萬物之常態，故虞氏

〔註27〕虞氏注〈繫辭下〉「六爻相雜，唯其時物也」云：「陰陽錯居稱雜，時陽則陽，時陰則陰，故唯其時物。乾，陽物；坤，陰物。」參（唐）李鼎祚輯：《周易集解》卷16，頁392。

〔註28〕（唐）李鼎祚輯：《周易集解》卷13，頁316。

〔註29〕（清）李富孫輯：《李氏易解賸義》（北京：中華書局，1985年，叢書集成初編本）卷3，頁65。此文輯自南宋林至（字德久）所著《易裨傳・外篇》。

〔註30〕朱震以為虞氏論象太密，失之於牽合。參（宋）朱震撰：《漢上易傳・叢說》（台北：臺灣商務印書館，1983年8月，景印文淵閣四庫全書本，第11冊），頁384上。

〔註31〕孔穎達曰：「夫『易』者變化之總名，改換之殊稱。……謂之為『易』，取變化之義。」參（魏）王弼、（晉）韓康伯注、（唐）孔穎達疏：《周易正義・序》（台北：藝文印書館，1997年8月，初版13刷，十三經注疏本）「論易之三名」，頁3上。

論象，或從已變、或從將變的角度立說，這也指示我們，虞翻將當前所見之卦象視爲一暫時之存在，既是暫時則不會是永恆不變的，因此，爻畫必將隨著時、空之轉換而變動不息。

由此可知，虞翻是透過「象」來闡明「變易」之理，故其運用龐大的象數系統來解說經文亦是必然之現象，觀虞氏之《易》注，我們將會發現，除了少數幾個條例之外，兩漢《易》家所用之象數條例，虞氏幾乎予以旁通兼採、融會貫通之後再出之以新意。因此，虞翻解《易》之觀念總體來說是以「象」爲主，但是在「明象爲本」的背後，其實是對「變易」之理的深入理解，此點實不能忽略。

第二節　虞翻解《易》之方法

虞氏家族專研孟氏《易》，虞翻傳五世之學，特精於變易之理，其對於各卦之所來、未來之所趨，以及本卦與他卦之關係皆了然於心，而具體落實在解卦上，虞氏特重「卦變」與「旁通」，此兩者可視爲一卦之「縱橫關係」，前者爲「縱」的關係，後者爲「橫」的關係。虞翻論卦，便是透過此種「縱橫關係」來探討本卦六爻自身之關係，而在此詮釋方法底下，虞氏解六十四卦大致可分爲三種類型：1. 專言消息（本卦卦源）與本卦之關係者；2. 專言旁通與本卦之關係者；3. 兼言消息、旁通與本卦之關係者，今舉第一類型爲例，其餘則同理可推。

例如，損卦屬於第一種類型，專言消息與本卦之關係，而此一類型之解卦步驟大約有三：首先，確立卦之所從來，指出本卦來自十二消息中之何卦；接著，詮釋《易》辭時便扣緊著消息（卦源）與本卦兩者之間的關係來解說，當中配合著消息與本卦爻畫之變動不斷地取象；最後，道出本卦未來之趨向，不過第三步驟並無一定之先後，虞氏多是隨文點說，只是就事理的發展來說當置之於後。

依虞氏卦變之例，損卦來自泰卦，正例當作「泰三之上」，即泰卦九三與上六互易形成損卦，但虞翻於損卦不採「互易」之法，改以「推遷」之法釋之，故注文作「泰初之上」，即泰卦初爻升居上爻之位，原先二、三、四、五、上爻依次遞降爲初、二、三、四、五爻之位，其旨在解釋損卦象辭所云「損下益上」之意，此前文已提及。損卦大象曰：「山下有澤，損；君子以懲忿窒

欲」，虞翻注云：

> 君子，泰乾。乾陽剛武爲「忿」，坤陰吝嗇爲「欲」。損乾之初成兌
> 說，故「徵忿」。初上據坤，艮爲止，故「窒欲」也。〔註32〕

損卦自泰，故君子指的是泰下卦的乾，虞氏既以「泰初之上」爲說，則君子
應指泰初。乾陽之性剛健勇武，威嚴怒目，故象「忿」；〈說卦〉云坤「爲吝
嗇」，吝嗇則不能廣施，故象「欲」。今減損泰乾的初爻，往至泰坤之上而成
損，原本泰下卦之乾象成兌象，兌爲悅，表示怒氣已止，故「徵忿」；而泰初
往上據坤體成艮，艮爲山、爲止，故「窒欲」。而虞氏也同樣以「泰初之上」
來解說損卦六三爻辭「三人行則損一人，一人行則得其友」，其注曰：

> 泰乾三爻爲三人，震爲行，故「三人行」。損初之上，故「則損一人」。
> 「一人」謂泰初之上，損剛益柔，故「一人行」。兌爲友，初之上據
> 坤，應兌，故「則得其友」，言致一也。〔註33〕

乾爲人，泰下卦乾三爻爲三人，又三至五互震，震爲足、爲行，故曰「三人
行」。今「泰初之上」成損卦，則乾三人損失了一人，而此一人獨行至泰上據
坤，是減損乾剛以增益坤柔，故謂「損剛益柔」。一人行至泰上而成損上九，
與處在兌象之六三相應，兌爲朋、爲友，故「一人行則得其友」。又虞翻注〈損·
象辭〉「損益盈虛，與時偕行」云：

> 乾爲盈，坤爲虛，損剛益柔，故「損益盈虛」。謂泰初之上，損二之
> 五，益上之三，變通趨時，故「與時偕行」。〔註34〕

月十五日，乾象盈甲，故「乾爲盈」；二十九日坤象喪乙，故「坤爲虛」，「泰
初之上」損剛益柔，損乾盈以益坤虛，故曰「損益盈虛」。此段注文同時也指
出了損卦爻畫變動之趨向，損卦二、三、五、上皆失位，失位則當變正，因
此虞翻認爲二五、三上互易其位則六爻皆得正位，但二需先往五成益卦後，
益上再來之三，終成既濟。而由泰歷損、益、既濟，每個階段之損剛益柔、
損益盈虛皆有其一定的時機，故曰「與時偕行」。

　　此種爻畫變動之方向，虞翻在各爻之注文中亦有說明，例如〈損·九二〉
曰：「利貞，征凶，弗損益之」，虞翻注云：

> 失位當之正，故「利貞」。征，行也，震爲征。失正毀折，故不征之

〔註32〕（唐）李鼎祚輯：《周易集解》卷8，頁201。
〔註33〕（唐）李鼎祚輯：《周易集解》卷8，頁202。
〔註34〕（唐）李鼎祚輯：《周易集解》卷8，頁201。

五則凶。二之五成益，小損大益，故「弗損益之」矣。〔註35〕

九二以陽居陰，失位不正，故「利貞」，即利於變動之正。二至四互震爲行、爲征，又二處在損下卦兌體當中，兌爲毀折，失位毀折，乃「凶」之象，故二爻勢必有所行動，應速往與其有相應關係的五爻之位，如不知變動，繼續安於現狀，凶必將至，故曰「不征之五則凶」。陽大陰小，二之五成益，二變陰，五變陽，故「小損大益」，然二爻應不用考慮當前之損，因爲損之正所以益之，目前雖小有所損，然其終必大益，故曰「弗損益之」。又〈損‧上九〉曰：「弗損益之，无咎貞吉。利有攸往，得臣无家」，虞氏注云：

> 損上益三也，上失正，之三得位，故「弗損益之，无咎貞吉」。動成
> 既濟，故大得志。謂三往之上，故「利有攸往」。二五已動成益，坤
> 爲臣，三變據坤成家人，故曰「得臣」。動而應三成既濟，則家人壞，
> 故曰「无家」。〔註36〕

損二之五成益，故虞氏解說上九爻辭是就損已成益卦而言，益上九以陽居陰，失位不正，故下來益三，三亦往上，三上易位成既濟，坎上離下，六爻皆得定位。益卦主「損上益下」，故益上九之三表面上似乎是損，然損之正所以成既濟，故曰「弗損益之，无咎貞吉」，〈象〉曰：「弗損益之，大得志也」，是損之實乃益之也，與損九二同義。又益卦二至四互坤，乾爲君，故坤有臣象，三變正時，益卦成家人，有得坤臣之象，上見三變，動而應之，家人之象毀壞不成，故曰「无家」。損二五易位成益，益卦三上再互易即成既濟，但虞翻解釋「得臣无家」又是從三、上兩爻各自變正來說，徐昂指出：「虞氏之義，未成既濟，先成家人，蓋必家齊而後國治天下平也。」〔註37〕益卦三上互易應是同時，虞氏以三變正爲先，上應之爲後，此是就變易之際爲說，暗示著上爻有可能不應三爻，然而一旦益上來之三，三便同時往居上，故「得臣」的同時即是「无家」，蓋志在天下，不患無家，「得臣无家」表示益三上互易已成既濟，功業既成，大得志也，西漢末谷永嘗云：「《易》稱『得臣無家』，言王者臣天下，無私家也」，〔註38〕謂王者以天下爲一家也。

〔註35〕（唐）李鼎祚輯：《周易集解》卷8，頁201～202。

〔註36〕（唐）李鼎祚輯：《周易集解》卷8，頁203。

〔註37〕徐昂著：《周易虞氏學》（台北：成文出版社，1976年，無求備齋易經集成本，第180冊）卷2，頁48。

〔註38〕楊家駱主編：《新校本漢書》（台北：鼎文書局，1997年10月，9版）卷27中之上，頁1368。

　　由損卦之例可見，虞翻在確立損卦自泰而來之後，其對損卦經文之解釋則大多圍繞在「泰初之上」及損卦六爻本身之變動上，並指出六爻變動之次序與損卦終成既濟之趨向，此爲專言消息與本卦關係之例。若專言旁通與本卦之關係者，虞氏之詮釋則緊扣本卦與旁通兩卦，並且將此兩卦之象幾乎發揮殆盡，例如前章所提到的豫變小畜、謙變履、比變大有等皆屬此類，而虞氏以此第二類型解《易》者，以一陰一陽之例最多。其他兼言消息、旁通與本卦之關係者，如蠱卦、恆卦等爲較明顯之例。

　　前文所述三種類型，僅是對虞翻解卦方式的大略區分而已，實際上虞氏在解析各卦時是複雜許多，唯其靈巧多變，故難以用一定之法則去框架，然萬變不離其宗，不論虞氏以何種方法解卦，其最重視者仍是六爻本身的當位與否，凡卦中有爻失位者皆需變動之正，而在爻變之過程中，虞翻是透過互體不斷取象，可以說虞氏在詮釋卦、爻間之各種關係時，主要是以互體之象作溝通、連結，它所扮演的是一個中介者的角色，藉著它使得卦爻辭的聯繫能夠得到較合理的解釋，達到「依經立注」之目的。

　　總上所論，配合損卦之例，我們可以將虞翻具體解卦之方法特色，歸納爲三點，分述如下：

一、以卦變或旁通確立卦之縱橫關係

　　虞氏《易》學中規模最宏大者，莫過於以十二消息爲主的「卦變說」，透過十二消息生卦，使得六十四卦全部歸屬在同一個系統，此系統是由層層之關係所構成，而虞翻在面臨六十四卦、三百八十四爻錯綜複雜之關係時，其處理方式是以「卦變」及「旁通」分別作爲一卦之「縱軸」與「橫軸」，再由這兩個主軸向外延伸，探討卦與卦之間的變化關係，例如從損卦之例，即可看出泰、損、益、既濟四卦的連結方式，此爲虞翻所指出各卦相貫通的方式之一。

二、運用互體闡明本卦與他卦之聯繫

　　「互體」之用始於《左傳》，其義由來甚古，爲漢代《易》家常用的象數條例，其中以三爻互爲正例，虞翻所用除了三爻互之外，尚有四爻、五爻之互。〔註39〕道有變動故曰爻，象隨爻變而易，而此前後變易之過程，皆需利

〔註39〕互體之法頗複雜，清人方申《周易互體詳述》將漢儒所用互體之例歸納爲以下九種：1. 二三四，三畫互卦之法；2. 三四五，三畫互卦之法；3. 中四畫互

用互體之象來解釋，透過多個互體之象的聯繫，能使一卦六爻之象及本卦與他卦之關係彰顯出來，例如〈履‧九二〉曰：「履道坦坦，幽人貞吉」，虞氏注云：

> 二失位，變成震爲道、爲大塗，故「履道坦坦」。訟時二在坎獄中，故稱「幽人」。之正得位，震出兌悅，幽人喜笑，故「貞吉」也。〔註40〕

履二以陽居陰失位，變動之正下卦成震，〈說卦〉云震「爲大塗」，震爲足、爲行，人所行者路也，故曰「履道坦坦」。履來自訟，訟時九二處在下卦坎獄之中，象徵被囚禁的「幽人」；「變訟初爲兌」成履，兌爲悅，九二變正得位成震，震爲動、故爲「出」，〔註41〕有幽人喜悅出獄之象，故曰「幽人貞吉」。可見虞翻運用互體取象時，並不限制在本卦之象，消息與旁通卦中之互體亦是虞氏所常用，因其取象是配合著爻變，故其所言互體或從已變、或從未變之處立說，乃至諸象齊出，錯綜複雜，要皆在闡明卦、爻變易前後之關係。

另外，虞翻運用「合象」之法亦堪稱一絕，例如〈繫辭下〉有指出耕稼之利，大致是取於益卦之象，那麼益卦爲何有耕作之象呢？虞氏注云：「坤爲田，巽爲股、進退，震足動耜，艮手持耒，進退田中，耕之象也。」〔註42〕耒耜爲古代用以翻土、鬆土之農具，耒爲其柄，其頭稱耜，益二至四互坤爲土、爲田，上卦巽爲股、爲進退，下卦震爲足、爲動，三至五互艮爲手，象徵著農夫以手持耒、以腳踏耜，手足勞動，進退於田中，此乃耕作之象也。經過虞翻之詮釋，一幅農人辛勤勞作之景象立即呈現，而這種詮釋手法是集合數個卦象來解釋某種現象或道理，故稱「合象」，〔註43〕如益卦的震、坤、

體之法；4. 下四畫互卦之法；5. 上四畫互卦之法；6. 下五畫互卦之法；7. 上五畫互卦之法；8. 兩畫互卦之法；9. 一畫互卦之法。參（清）方申撰：《方氏易學五書》（上海：上海古籍出版社，1995年，續修四庫全書本，第30冊），頁45。

〔註40〕（唐）李鼎祚輯：《周易集解》卷3，頁71。

〔註41〕〈說卦〉云「帝出乎震」、「萬物出乎震」，又依納甲之說，月三日出震，故震有「出」一逸象。參（清）紀磊撰：《虞氏逸象考正》（上海：上海古籍出版社，1995年，續修四庫全書本，第35冊），頁12上。

〔註42〕（唐）李鼎祚輯：《周易集解》卷15，頁364。

〔註43〕關於「合象」之例，可參清人任雲倬所撰：《周易諸卦合象考》（上海：上海古籍出版社，1995年，續修四庫全書本，第31冊），內容有荀爽、鄭玄、虞翻、干寶、九家集注、侯果、崔憬、李鼎祚、服虔、杜預、韋昭等人所言合象之例。

艮、巽，合爲「耕」象，類此之例在虞氏《易》注中不勝枚舉，而其取象、解卦之功力，於此可見。牟宗三先生嘗云：

> 互體亦自成一個「結聚」（Nexus）而有其特殊的表意，也有其特殊的符象。漢《易》即以此互體爲助而解析全經，其所以爲象數者在此。
>
> 一個卦象表象一個整體。一個整體中有無數的小整體。無數的小整體，由卦象中的互體表象之。互體是世界的變化之多元性的顯示。
>
> 〔註44〕

牟氏之論很清楚地將互體之作用與特色彰顯出來，虞翻將六十四卦視爲一個大整體，分別來看，六十四卦亦各自形成一個整體，每一個整體皆是由多個小整體所構成；因此，就《周易》的系統來說，六十四卦是小整體；就一卦來說，互體爲一卦之小整體；就互體來說，爻畫爲小整體，故爻的變動影響互體、互體之聚散離合影響一卦、一卦之動態趨向影響六十四卦，如此層層相因、環環相扣，構成一個緊密連結的大系統。而虞翻集結多個互體之象來解卦的「合象」手法，正是探討在這個系統中，互體間的聚合變化與溝通聯繫，因此互體之運用在解卦之過程中，雖然可視爲一中介者的角色，但此並非意味著它是超脫於整體而存在，因爲它本身就內在於整體之中。

三、以既濟爲各卦之理想目標

虞翻解卦相當重視爻畫是否當位，凡一卦有數爻失位者，此數爻皆需變動之正，變正之目的在於使六爻皆得定位，此爲虞氏《易》學中的「當位說」、「之正說」或稱「成既濟定說」。「之正」是就個別爻畫而言，「成既濟定」是就一卦六爻而言，個別爻畫的「之正」，其目的在於成就一卦之「既濟」，因此，「成既濟定說」是「之正說」的發展與完成。《周易》經文凡言「貞」者，虞翻皆釋爲「正」，也就是當位的意思，而六十四卦中，六爻皆當位者，唯有既濟一卦。虞氏注既濟卦辭「利貞」二字云：「六爻得位，各正性命，保合大和，故『利貞』矣。」〔註45〕既濟之所以「利貞」者，以其「六爻得位」，此在〈既濟‧彖辭〉已明白指出：「利貞，剛柔正而位當也」，清儒惠棟以爲此

〔註44〕參牟宗三著：《周易的自然哲學與道德函義》（台北：文津出版社，1998 年 8 月，初版 2 刷）首章「漢之天人感應下的易學」，頁 51、100～101。

〔註45〕（唐）李鼎祚輯：《周易集解》卷 12，頁 302。

乃《周易》卦、爻辭所言「利貞」二字之通例。〔註 46〕「各正性命，保合大和」爲〈乾・象辭〉之文，虞翻認爲，若「剛柔正而位當」爲「利貞」，則乾卦二、四、上失位，便不可言「利貞」，因此，乾卦經文之所以言「利貞」者，是就之正得位成既濟定而說，故〈乾・象辭〉云：「乾道變化，各正性命，保合大和，乃利貞」，說明了乾道必須經過變動，六爻各正，乃得以稱「利貞」。是以虞氏在「雲行雨施，品物流形」註中有云：「已成既濟」，〔註 47〕又其註〈說卦〉「然後能變化，既成萬物也」亦云：「謂乾變而坤化，乾道變化，各正性命，成既濟定，故既成萬物矣。」〔註 48〕在在說明乾卦之所以「利貞」是以「變動」而言，清人陳澧（字蘭甫）讚道：「此虞氏之最精善處，亦惠氏（棟）最精善處，此眞以十篇說經者矣。」〔註 49〕

　　虞翻基於對乾、既濟兩卦象辭之體會，以爲經文所云「利貞」有二義：一爲「利於守正不變」，二爲「利於變動之正」，推而擴之，凡經文中之「貞」字皆含有此二義。至於要「守正」或「變動」完全視爻畫是否當位而定，清人黃瓚云：「當位者以不動爲貞，失位者以之正爲貞」，〔註 50〕是也。就如同某甲平日已勤於行善，某乙則無惡不作，對甲來說，其「貞」爲繼續行善，死守善道而不改變；對乙來說，其「貞」爲早日改邪歸正、棄暗投明，此義甚易明瞭，乃易道示人「各正性命」之理，聖人因材施教、啓明多方，亦不外導人於正路，使人心歸趨於善，故虞翻「之正說」乃善會經傳之文而深得乎易道者也。

　　惠棟本虞翻之說，在《周易述》中指出：「經凡言『利貞』者，皆爻當位，或變之正，或剛柔相易。」〔註 51〕由此可知，爻畫變動之正的方法有二：（1）九六相變：指失位之爻本身變動之正，原爲陰則變陽、原爲陽則變陰，例如

〔註 46〕　參（清）惠棟撰：《易例（下）》（北京：中華書局，1985 年，叢書集成初編本），頁 66。

〔註 47〕　（唐・李鼎祚輯：《周易集解》卷 1，頁 4。

〔註 48〕　（唐・李鼎祚輯：《周易集解》卷 17，頁 412。

〔註 49〕　（清）陳澧著；楊志剛校點：《東塾讀書記（外一種）》（北京：生活・讀書・新知三聯書店，1998 年 6 月）第四「易」，頁 66。

〔註 50〕　（清）黃瓚撰：《周易漢學通義》（上海：上海古籍出版社，1995 年，續修四庫全書本，第 31 冊）卷 1，頁 53。

〔註 51〕　（清）惠棟撰：《周易述》，收入於（清）阮元編刊、（民國）王進祥重編：《皇清經解（一）》（台北：漢京文化事業有限公司，無註明出版年月）卷 330，頁 257 上。

屯卦惟有六三失位，六三變成九三即成既濟，故虞氏注有云：「謂三已反正，成既濟。」〔註52〕（2）剛柔易位：指一卦有二爻以上失位，彼此互易其位則得正，徐昂云：「凡卦中有數爻皆失位者，以相應之爻易位爲正例。如初、四相易，二、五相易，三、上相易皆是。」〔註53〕可知「易位」之例以相應爻間的互易爲正例，如前文所舉損二、五易位，益三、上易位即是正例。

經過爻畫的變動之正，使得各卦皆有趨於既濟之傾向，虞翻云：「濟，成也」，〔註54〕既濟表示功業已成之意，此時一切安定太平，天下無事，故虞氏注〈繫辭下〉「天下何思何慮」云：「易无思也，既濟定，六位得正，故何思何慮。」〔註55〕然而綜觀歷史，治世少而亂世多，六十四卦亦唯有一卦是既濟，因此成既濟定乃是各卦共同努力的目標，正如人類追求太平治世的理想一般，永無終止。杭辛齋（1869～1924，名愼修，以字行）評虞氏《易》云：

> 虞仲翔生於易代之際，世道人心，江河日下。……故憤時疾俗，或不免有過激之論。……要皆有爲而言。……辛以「之正」立論，明天地大義，以「既濟定也」爲歸，期人心之不正者胥歸於正，於是乎世亂或可少定。此虞氏之苦心孤詣，千載而下猶皦然可見者也。
> 〔註56〕

善哉，杭氏之言也！

第三節　本章結語

虞翻在「明象爲本」、「變易爲常」觀念的主導下，秉持著「依經立注」之精神解《易》，其以十二消息統攝六十四卦，將六十四卦視爲一大系統，故三百八十四爻是牽一爻而動全身，而此系統的內在關係與運作是變動不居的，虞氏企圖在層層之關係底下抽絲剝繭，故其論卦，對於各卦之所從來，及其未來之發展情勢，皆瞭若指掌，前者爲「藏往」之事，後者爲「知來」之事，故其《易》注充份表現出「神以知來，知以藏往」之特色，非知天下

〔註52〕見〈屯‧象〉「雷雨之動滿形」之注文，參（唐）李鼎祚輯：《周易集解》卷2，頁38。
〔註53〕徐昂著：《周易虞氏學》卷4「易位」條，頁102。
〔註54〕見未濟卦辭之注文，參（唐）李鼎祚輯：《周易集解》卷12，頁306。
〔註55〕（唐）李鼎祚輯：《周易集解》卷15，頁370。
〔註56〕杭辛齋撰：《學易筆談》（台北：廣文書局有限公司，1974年12月再版）卷3「虞易平議」，頁119。

之至變者，其孰能與於此！

而爲了揭示易道瞬息萬變之理，虞翻從「卦變」與「旁通」兩個主軸爲出發點，以大量的「象」來解說全經，其運用之象數條例有常見的爻位之例，如爻畫的承乘應比、吉凶之位、貴賤之位、三才之位、時中、當位失位等，除此之外，舉凡互體、反對、飛伏、半象、兩象易等皆無所不用。可以說虞氏解經幾乎完全以「象」爲土，即使是〈繫辭〉所云之義理，虞氏亦以「象」的觀點來解說，甚至將〈繫辭〉中孔子所提到的卦爻辭作一現象的連結；此是透過爻畫的變動來闡明義理，進而指示出此卦與其他各卦連結之可能性，同時也說明了，孔子所說的義理，皆寓象於其中，象與理合，而虞翻是特別突出「象」的部份。

因此，虞翻解《易》以「明象爲本」，而明象之目的在闡明「變易爲常」之理，然變易之中有不變者存焉，即人心思善的內在本質不會改變，〈繫辭下〉曰：「天下之動，貞夫一者也」，虞氏深明易道「貞一」之理，故發爲「之正說」，終期於既濟之定位，此孔子於二千多年前遑遑終日所爲者也。

附錄：八卦納甲之圖

圖 之 甲 納 卦 八

第七章　結　論

第一節　本文研究之重點回顧

　　本文於第二章述虞翻之生平經歷、考其生卒年之問題、推其家族世系、察其著作與版本，主要是為了多瞭解虞翻其人其事，及虞氏家族之發展概況。第三章則進一步從「學派之繼承」與「學說之吸取」探討虞氏《易》學思想淵源，就「學派」上說，虞翻之內在精神是繼承今文孟氏派，然其外在形式則擺脫了談論陰陽災變，改以「依經立注」之方式詮釋《周易》思想，因此，我們可以說虞氏《易》學思想之精神是直接孟喜，而其論卦之外在形式，則頗似以十翼解經之費氏古文派；就「學說」而言，前人之研究成果及與之同時各《易》家之說，虞翻莫不旁通兼採，但虞氏畢竟是具創造力的《易》學家，是以其吸取他人之說並非照單全收，而是帶有檢討與批判性，故能鎔鑄眾說，出之以己意，而從虞氏之《易》注中，我們也可以發現虞翻不僅具懷疑及批判精神，並且勇於自創新說，在象數條例之運用上，其新意亦頗多，諸如半象、兩象易、之正說等皆其發明。

　　欲探討虞翻《易》學，本論文主要從「卦變」與「旁通」著手，以「卦變」和「旁通」乃虞氏《易》學內容之重鎮，故分別於第四章、第五章述之。虞翻之卦變說以「十二消息」為主變之卦，以「動者止一爻」之原則，依次生出其他五十二卦，將六十四卦統攝在一個息息相關之系統。依十二消息分類，除乾、坤兩卦之外，諸卦可分為：「一陽五陰，復、剝之例」、「一陰五陽，姤、夬之例」、「四陰二陽，臨、觀之例」、「四陽二陰，遯、大壯之例」、「三

陰三陽，泰、否之例」五類，其中「一陰一陽之例」在虞氏注中無明言，故較有爭議，考其原因，以一陰一陽之例爲「消息多歧」之卦，故虞氏從「旁通」立說，但這並不意味著虞氏卦變系統無一陰一陽之例，因爲虞翻既欲「推卦之所由來」，必然會想要確立卦源，所以凡有消息不一之卦，虞氏多會另外解釋（鼎、革兩卦之所以例外，主要是爲了解說經文），其方法有二：1.「從同例卦另尋卦源」，如屯、蒙等。2.「不言消息，專取旁通」，如小畜、履等。因此，虞翻多以旁通釋一陰一陽之例，是爲了解決消息不一的問題而已，並非其卦變系統無此例。

　　「旁通」爲虞氏《易》學另一重要內容，如以「卦變」爲「經」，則「旁通」即是「緯」，二者相輔相成。旁通之作用有二，一是「相應」，二是「生卦」，旁通相應不限於兩卦同位爻的個別相應，舉凡兩卦的上下象及互體之象均可相應。旁通生卦之法又可分爲兩種，一是「互易法」，二是「遞變法」。「互易法」所根據的原理即是旁通相應，例如「乾以二、五之坤成坎、離」便是運用此法，而「乾、坤生六子」也應置於此處理解；「遞變法」旨在說明兩旁通之卦可經由「自下而上」或「自上而下」依次變動而互相轉化，如「豫變小畜」、「謙變履」等，而此種轉化方式是雙向而非單向的，由此構成一「循環遞變」之模式。

　　在第四、五章之基礎上，本文第六章接著探討虞氏解《易》之觀念與方法。虞翻解六十四卦，以「卦變」和「旁通」爲縱橫軸，先將本卦定位，再由此推展開來，分析六爻自身及本卦與他卦之間的關係，其觀念是以「明象爲本」，因爲六十四卦是對天地萬事萬物之模擬，《易》辭皆本於象，無一字無象，故虞氏「藉象通辭」，以「象」解析全經，牟宗三先生指出：

> 漢《易》的總觀點是在「象」字，……「象」是解說世界所用的方法。……漢《易》之「象」是繼承了《周易》之方法論的，推廣地說，是發展了《周易》中所啓示的知識論的。〔註1〕

而虞翻「明象爲本」的背後，其實是在闡發「變易爲常」之理，他將六十四卦視作一個動態的開放系統，卦、爻象均只是一時的存在，而非永遠固定不變，因爲爻畫任何時刻都在變化之中，爻一動，則象亦隨之。因此，虞氏解卦時，不會單獨就當前之卦象解說，分析爻辭通常亦不會徒釋一爻，有時反

〔註1〕 牟宗三著：《周易的自然哲學與道德函義》（台北：文津出版社，1998年8月，初版2刷）首章「漢之天人感應下的易學」，頁81。

而藉著說明他爻來闡釋此爻，這主要是因為虞氏著眼於變易之理，此時互體的運用就顯得必要且必須，因為互體的聚合、離散即是爻畫變動之表徵。而爻畫雖主於變，然以「之正」為目標，期於六爻定位之理想。由此我們可以歸結虞翻解卦方法之特點：「以卦變為經，以旁通為緯，以互體為中介，以既濟為依歸」。

第二節　虞翻《易》學之主旨所在

　　總而言之，虞翻《易》注之最終主旨在闡明「陰陽消息」之理，也就是「易道主變」之思想，《史記・太史公自序》曰：「《易》著天地、陰陽、四時、五行，故長於變。」〔註2〕蘇淵雷《易學會通》概括地說：「《易》之為書，一言以蔽之，曰：『變易而已矣』。」〔註3〕而變易之現象，主要來自陰陽二氣的運行，孔穎達《周易正義・序》有云：

> 自天地開闢，陰陽運行，寒暑往來，日月更出，孚萌庶類，亭毒群
> 品，新新不停，生生相續，莫非資變化之力，換代之功，然變化運
> 行，在陰陽二氣。〔註4〕

是知天地之變化，必由陰陽二氣，《莊子・天下篇》已指出：「《易》以道陰陽」，〔註5〕而陰陽有其消息，故〈剝・彖辭〉曰：「君子尚消息盈虛，天行也」、〈豐・彖辭〉曰：「日中則昃，月盈則食，天地盈虛，與時消息」，此說明了天道的運行，隨著時間的推移有其一定的消長之理，君子透過觀察明白此理，故能注重消息、法天而行。

　　在自然界中，陰陽消息之最明顯者，莫過於氣候、氣象之變化，此為人們所能直接感受，且影響人類生活甚巨。在農業社會裏，掌握天文氣候之變化規律至為重要，君主「治曆明時」結果之準確與否，通常也象徵著王政的盛衰。而孟喜「卦氣說」以四正卦配二十四節氣、十二月卦配七十二候等內

〔註2〕　（民國）楊家駱主編：《新校本史記》（台北：鼎文書局，1995年10月，9版）卷130，頁3297。

〔註3〕　蘇淵雷著：《易學會通》（河南：中州古籍出版社，1989年3月），頁73。

〔註4〕　（魏）王弼、（晉）韓康伯注、（唐）孔穎達疏：《周易正義・序》（台北：藝文印書館，1997年8月，初版13刷，十三經注疏本）「論易之三名」，頁3上。

〔註5〕　（清）郭慶藩編、王孝魚整理：《莊子集釋》（台北：萬卷樓圖書有限公司，1993年3月，初版2刷），頁1067。

容,基本上即是根據觀察天文氣象之變化而來,可見「卦氣說」主要是以《易》學結合當時天文、曆法等自然科學知識而成,這也是孟喜「說《易》本於氣」的特徵,故熊十力《讀經示要》有云:「漢人《易》說,於歷譜最有關係。」〔註6〕

　　虞翻家傳孟氏《易》,其「卦變說」之創立即是以「卦氣說」之「十二消息」爲主要架構,十二消息所表徵的即是一年四季氣候之變遷、氣溫之升降,事實上,天道陰陽之消長變化是很隱微的,以十二消息表之,主要是突顯天地變化之「漸變」、「漸進」過程,因爲任何現象的產生,皆由來於漸,非一朝一夕之故,就如所謂的「頓悟」也需經過長期的「漸修」。陰陽之消長除了有「漸進」之功能外,另一功能即是「循環」,張其成嘗歸納象數思維方式的特徵,其中一點提到「變易性」,張其成云:

> 「變易」是《周易》的最基本觀念。「周」、「易」二字可理解爲「周
> 環、循環」與「變化、運動」。《周易》可看成是專論宇宙萬物周環
> 變易規律的著作。〔註7〕

「循環」所代表的是一種「規律」,即所謂「常」,天道雖主變,然變易中有其「常」,因爲有「常」,故能知其「變」,也唯有知「常」,才能推「變」。就「卦變」來說,十二消息本身即代表一年十二月的循環;就「旁通」來說,兩個旁通卦之間的相互轉換亦是一個循環,例如「剝」與「夬」旁通,剝屬九月卦,夬屬三月卦,依「旁通遞變」之方式,自剝至夬歷時半載,由夬返剝歷時亦同,因此,剝、夬兩卦之間的往返轉換亦正好一年十二月。

　　由此可知,虞翻的「卦變」與「旁通」實深契易道變易之理,無怪乎清儒惠棟、張惠言等咸宗虞氏之學,張惠言曰:

> 翻之言易,以陰陽消息,六爻發揮旁通,升降上下,歸於乾元用九
> 而天下治。依物取類,貫穿比附,始若瑣碎,及其沈深解剝,離根
> 散葉,暢茂條理,遂於大道,後儒罕能通之。〔註8〕

又張承緒云:

〔註6〕 熊十力撰:《讀經示要》(台北:明文書局,1984年7月)卷3,頁536。

〔註7〕 張其成撰:〈象數思維方式的特徵及其影響〉,《安徽教育學院學報》第19卷第1期(2001年1月),頁4。

〔註8〕 (清)張惠言著:《周易虞氏義‧序》,收入於(清)阮元編刊、(民國)王進祥重編:《皇清經解(一)》(台北:漢京文化事業有限公司,無註明出版年月)卷1218,頁461下。

一部易理，盡於「消息」二字，「易」者，易也、不易也。「不易」
為體，在圖為太極，在卦為乾元；「易」為用，即一陰一陽，根於乾
元，而互為消息，以盡化之神。……虞氏深明消息，能探象於辭
外，……故阮芸臺（阮元）特贊虞氏消息，謂其大要，明乾元以立
消息之本，正六位以定消息之體，敘六十四卦以明消息之次，推九、
六變化以盡消息之用，始于幽贊神明，終於乾元用九而天下治。盡
之矣，然溯其源，實闖於伏羲十言之教，曰：「乾、坤、震、巽、坎、
離、艮、兌、消、息」。〔註9〕

二人所論甚精，皆讚虞翻能通陰陽消息之理，張承緒以為此乃有得於伏羲十
言之教。而虞氏解《易》深明「陰陽消息」的特色，基本上與孟喜「說《易》
本於氣，而後以人事明之」的特點大致是相符合的，這一點從孔融稱讚虞氏
《易》注也可以看出，孔氏許其「觀象雲物，察應寒溫，推本禍福，與神合
契，可謂探賾旁通者已。」所謂「觀象雲物，察應寒溫」義同「說《易》本
於氣」；「推本禍福」應是就人事以明禍福；「與神合契」、「探賾旁通」是稱虞
氏治學之高妙境界。

　　就此而論，虞翻《易》學確實獨得孟喜《易》學之真諦，其自云五世傳
孟氏《易》絕非虛言，故能推一卦之所來、未來之所往、互體之聚散、諸卦
之變通，而消息盈虛之理、陰陽變易之機，盡在其中，可謂顯微闡幽、思通
聖心，乃能成一家之言，集兩漢象數《易》學之大成。而虞氏「明象為本」
之觀念、「依經立注」之精神，以及致力於闡明「陰陽消息」變化之規律等治
《易》方法，都是相當正確且值得學習的。因此，我們應當深入虞氏《易》
學，弘揚易道，避免使古人之努力與學說湮沒南海，空留無知己之歎。

第三節　本論文尚未釐清之問題

　　經過本論文探討之後，雖然可以對虞翻《易》學中關於「卦變」與「旁通」
之問題稍作釐清，但其實這當中還是有某些問題存在，例如，關於「消息生卦
之序」，在虞氏卦變系統中，十二消息生卦是否有一定之次序？如果有，其次序
如何？又變例卦如何安置在此次序中？清儒張惠言《周易虞氏消息》曾論及消

〔註9〕參張承緒著《君子易・虞王易辨》，轉引自徐師芹庭撰：《易經深入（二）》（中
　　　壢：普賢出版社，1991年10月），頁132。

息之序，而黃瓚以爲張氏所云消息生卦之先後順序「紊亂無理」，〔註10〕故別作一圖，以明消息之次；然此中尚有可討論之處，以三陰三陽爲例，黃瓚所列泰所生九卦之次，依序爲：「恆、井、蠱、豐、既濟、賁、歸妹、節、損」；否所生九卦之次則是：「益、噬嗑、隨、渙、未濟、困、漸、旅、咸」。〔註11〕如以泰卦爲主，則否卦生卦之序當作：「咸、困、隨、旅、未濟、噬嗑、漸、渙、益」，即本論文於第四章所列之序〔註12〕，也就是說，否生卦之序，正是泰所生九卦之反卦，因爲虞翻推卦之所由來，皆是配合著反卦，此點在本論文中已有提及，而筆者以爲虞翻注〈繫辭下〉「子曰：『非所困而困焉，名必辱』」所云：「困本咸，咸三入宮，以陽之陰，則〔折〕二制坤，故以次咸」〔註13〕，除了是將孔子陸續提到的爻辭作一種現象的連結之外〔註14〕，注中所說的「困本咸」應是就「否生卦之次序」而言，否上之三爲咸、上之二爲困，困在咸之後，故曰「困本咸」。

以上是有關「卦變」的問題，在「旁通」問題方面，清人黃瓚曾指出旁通之先後有自上、自下二法（詳第五章），但是嚴格來說，旁通之先後並無二法，其有自上、自下之分，是從不同的角度立說，我們只要知道甲卦「自下而上」通向乙卦，則甲之反對卦必然「自上而下」通向乙之反對卦，此兩者自下、自上之變動是同時的。但問題是，我們如何確知甲卦遞變之方式究竟是自下或是自上呢？依筆者初步的理解，虞翻運用旁通遞變之法大多是以「自下而上」爲主，例如：「豫變小畜」、「比變大有」、「蠱變隨」、「恆變益」等皆是；「自上而下」之法較明顯可見者，僅有「謙變履」一例，而此例是虞翻有意要突顯出來的，故其注小畜云「需上變爲巽」、注履云「變訟初爲兌」，小畜、履是一組反對卦，所以除非虞氏特別點明，否則在一般正常遞變之方式

〔註10〕參（清）黃瓚撰：《周易漢學通義・略例》（上海：上海古籍出版社，1995 年，續修四庫全書本，第 31 冊），頁 19。

〔註11〕參黃氏所撰：《周易漢學通義・略例》，頁 20。

〔註12〕此序是依正常爻變之序，暫不考慮變例卦之問題。

〔註13〕（唐）李鼎祚輯：《周易集解》（北京：中華書局，1985 年，叢書集成初編本）卷 15，頁 373。

〔註14〕〈繫辭下〉此段原文之前所云「《易》曰：『憧憧往來，朋從爾思』，子曰：……」，爲咸卦九四爻辭之文，而虞翻是在解釋孔子引咸卦九四，說明此中所含義理之後，接著引困卦六三爻辭之由。此處可以看出，虞翻是試著將〈繫辭下〉自咸卦九四以下，一連舉出的十一條爻辭貫串起來，認爲孔子所舉的數條爻辭有其連續性，故有次序可言。

下，仍是以「自下而上」爲主，「自上而下」之法通常是有對比之作用，故較少單獨出現。而從上述幾個旁通遞變之例中，我們可以發現，豫爲「復初之四」、比爲「復初之五」、蠱爲「泰初之上」、恆爲「泰初之四」，則豫、比、蠱、恆四卦皆爲息卦所生，這是否意味著旁通遞變「自下而上」之法是以「息卦所生」爲主呢？

　　上述的問題與想法，只是筆者在撰寫本論文之後，暫時的粗淺之見而已，至於問題的解答，以及虞翻之本意究竟爲何，仍然需要再進一步深入研究才能斷定。

參考資料

一、古代典籍部分（按時代先後排列）

（一）易學相關書目

1. 《京氏易傳》，（漢）京房撰、（吳）陸績注，台北：臺灣商務印書館，1985年2月，景印文淵閣四庫全書本，第 808 冊。

2. 《周易正義》，（魏）王弼、（晉）韓康伯注、（唐）孔穎達疏，台北：藝文印書館，1997年8月，十三經注疏本。

3. 《周易集解》，（唐）李鼎祚輯，北京：中華書局，1985年，叢書集成初編本。

4. 《周易參同契通真義》，（後蜀）彭曉撰，台北：臺灣商務印書館，1985年6月，景印文淵閣四庫全書本，第 1058 冊。

5. 《漢上易傳》，（宋）朱震撰，台北：臺灣商務印書館，1983年8月，景印文淵閣四庫全書本，第 11 冊。

6. 《周易參同契考異》，（宋）朱熹撰，北京：中華書局，1985年，叢書集成初編本。

7. 《易學濫觴》，（元）黃澤，台北：老古文化事業股份有限公司，1994年12月。

8. 《周易集註》，（明）來知德撰，台北：臺灣商務印書館，1983年8月，景印文淵閣四庫全書本，第 32 冊。

9. 《易學象數論》，（清）黃宗羲撰，台北：臺灣商務印書館，1983年8月，景印文淵閣四庫全書本，第 40 冊。

10. 《周易折中》，（清）李光地纂；劉大鈞整理，四川：巴蜀書社，1998年4月。

11. 《方氏易學五書》，（清）方申撰，上海：上海古籍出版社，1995 年，續修四庫全書本，第 30 冊。

12. 《周易諸卦合象考》，（清）任雲倬撰，上海：上海古籍出版社，1995 年，續修四庫全書本，第 31 冊。

13. 《周易釋爻例》，（清）成蓉鏡著，收入於（清）王先謙編刊、（民國）王進祥重編：《皇清經解續編（一）》，台北：漢京文化事業有限公司，無註明出版年月。

14. 《周易述補》，（清）李林松著，收入於（清）王先謙編刊、（民國）王進祥重編：《皇清經解續編（一）》，台北：漢京文化事業有限公司，無註明出版年月。

15. 《李氏易解賸義》，（清）李富孫輯，北京：中華書局，1985 年，叢書集成初編本。

16. 《周易集解纂疏》，（清）李道平撰；潘雨廷點校，北京：中華書局，1998 年 12 月。

17. 《周易虞氏略例》，（清）李銳著，收入於（清）王先謙編刊、（民國）王進祥重編：《皇清經解續編（一）》，台北：漢京文化事業有限公司，無註明出版年月。

18. 《卦本圖考》，（清）胡秉虔撰，北京：中華書局，1985 年，叢書集成初編本。

19. 《虞氏易消息圖說初稿》，（清）胡祥麟撰，北京：中華書局，1985 年，叢書集成初編本。

20. 《易圖明辨》，（清）胡渭輯著，北京：中華書局，1985 年，叢書集成初編本。

21. 《周易虞氏消息》，（清）張惠言著，收入於（清）阮元編刊、（民國）王進祥重編：《皇清經解（一）》，台北：漢京文化事業有限公司，無註明出版年月。

22. 《周易虞氏義》，（清）張惠言著，收入於（清）阮元編刊、（民國）王進祥重編：《皇清經解（一）》，台北：漢京文化事業有限公司，無註明出版年月。

23. 《易圖條辨》，（清）張惠言撰，上海：上海古籍出版社，1995 年，續修四庫全書本，第 26 冊。

24. 《周易述》，（清）惠棟著，收入於（清）阮元編刊、（民國）王進祥重編：《皇清經解（一）》，台北：漢京文化事業有限公司，無註明出版年月。

25. 《周易本義辨證》，（清）惠棟撰，上海：上海古籍出版社，1995 年，續修四庫全書本，第 21 冊。

26. 《易例》，（清）惠棟撰，北京：中華書局，1985 年，叢書集成初編本。

27. 《易漢學》，（清）惠棟撰，北京：中華書局，1985 年，叢書集成初編本。

28. 《周易漢學通義》，（清）黃瓚撰，上海：上海古籍出版社，1995 年，續修四庫全書本，第 31 冊。

29. 《虞氏逸象考正》，（清）紀磊撰，上海：上海古籍出版社，1995 年，續修四庫全書本，第 35 冊。

30. 《虞氏逸象考正續纂》，（清）紀磊撰，上海：上海古籍出版社，1995 年，續修四庫全書本，第 35 冊。

（二）其他參考書目

1. 《孔北海集》，（漢）孔融撰，台北：臺灣商務印書館，1985 年 9 月，景印文淵閣四庫全書本，第 1063 冊。

2. 《新校本史記》，（漢）司馬遷撰、（南朝宋）裴駰集解、（唐）司馬貞索隱、張守節正義、（民國）楊家駱主編，台北：鼎文書局，1995 年 10 月。

3. 《新校本漢書》，（漢）班固撰、（唐）顏師古注、（民國）楊家駱主編，台北：鼎文書局，1997 年 10 月。

4. 《說文解字注》，（漢）許慎撰、（清）段玉裁注，台北：黎明文化事業股份有限公司，1996 年 9 月。

5. 《新校本後漢書》，（南朝宋）范曄撰、（唐）李賢等注、（民國）楊家駱主編，台北：鼎文書局，1999 年 4 月。

6. 《高士傳》，（晉）皇甫謐，台北：臺灣商務印書館，1984 年 7 月，景印文淵閣四庫全書本，第 448 冊。

7. 《新校本三國志》，（晉）陳壽撰、（南朝宋）裴松之注、（民國）楊家駱主編，台北：鼎文書局，1997 年 5 月。

8. 《北堂書鈔》，（唐）虞世南撰、（明）陳禹謨補註，台北：臺灣商務印書館，1985 年 6 月，景印文淵閣四庫全書本，第 889 冊。

9. 《隋書》，（唐）魏徵等撰，北京：中華書局，1997 年 11 月。

10. 《孝經注疏》，唐玄宗明皇帝御注、（宋）邢昺疏，台北：藝文印書館，1997 年 8 月，十三經注疏本。

11. 《水經注》，（後魏）酈道元撰，北：臺灣商務印書館，1984 年 10 月，景印文淵閣四庫全書本，第 573 冊。

12. 《文選》，（梁）蕭統編、（唐）李善注，台北：華正書局有限公司，1995 年 10 月。

13. 《王氏談錄》，（宋）王欽臣撰，台北：臺灣商務印書館，1984 年 10 月，景印文淵閣四庫全書本，第 862 冊。

14. 《冊府元龜》，（宋）王欽若、楊億等奉敕撰，台北：臺灣商務印書館，1985 年 6 月，景印文淵閣四庫全書本，第 909 冊。

15. 《資治通鑑》，（宋）司馬光編著、（元）胡三省音注，北京：中華書局，1996 年 7 月。

16. 《太平御覽》（宋）李昉等奉敕撰，台北：臺灣商務印書館股份有限公司，1997 年 7 月。

17. 《會稽志》，（宋）施宿等撰，台北：臺灣商務印書館，1984 年 7 月，景印文淵閣四庫全書本，第 186 冊。

18. 《新校正切宋本廣韻》，（宋）陳彭年等重修、（民國）林尹校訂，台北：黎明文化事業股份有限公司，1996 年 11 月。

19. 《新唐書》，（宋）歐陽修、宋祁撰，北京：中華書局，1997 年 11 月。

20. 《續後漢書》，（宋）蕭常撰，台北：臺灣商務印書館，1984 年 3 月，景印文淵閣四庫全書本，第 384 冊。

21. 《續後漢書》，（元）郝經撰，台北：臺灣商務印書館，1984 年 3 月，景印文淵閣四庫全書本，第 385 冊。

22. 《宋史》，（元）脫脫等撰，北京：中華書局，1997 年 11 月。

23. 《觀堂集林》，（清）王國維著，北京：中華書局，1999 年 6 月。

24. 《經學通論》，（清）皮錫瑞撰，北京：中華書局，1998 年 12 月。

25. 《經學歷史》，（清）皮錫瑞撰，台北：藝文印書館，1996 年 8 月。

26. 《義門讀書記》，（清）何焯撰、蔣維鈞編，台北：臺灣商務印書館，1985 年 2 月，景印文淵閣四庫全書本，第 860 冊。

27. 《廣西通志》，（清）金鉷等監修、錢元昌等纂，台北：臺灣商務印書館，1985 年 8 月，景印文淵閣四庫全書本，第 566 冊。

28. 《三國藝文志》，（清）姚振宗，上海：上海書店，1994 年 6 月，《叢書集成續編》本 第 66 冊。

29. 《兩漢三國學案》，（清）唐晏著；吳東民點校，北京：中華書局，1986 年 12 月。

30. 《廣東通志》，（清）郝玉麟等監修、魯曾煜等編纂，台北：臺灣商務印書館，1984 年 10 月，景印文淵閣四庫全書本，第 564 冊。

31. 《三國志旁證》，（清）梁章鉅撰；楊耀坤校訂，福州：福建人民出版社，2000 年 6 月。

32. 《白虎通疏證》，（清）陳立撰，北京：中華書局，1997 年 10 月。

33. 《東塾讀書記（外一種）》，（清）陳澧著；楊志剛校點，北京：生活·讀書·新知三聯書店，1998 年 6 月。

34. 《十駕齋養新錄》，（清）錢大昕著，南京：江蘇古籍出版社，2000 年 5 月。

35. 《潛研堂集》，（清）錢大昕撰；呂友仁校點，上海：上海古籍出版社，1989

年 11 月。

二、近人研究專書（按出版年月排列）

（一）易學相關書目

1. 《兩漢易學史》，高懷民著，中國學術著作獎助委員會，1970 年 12 月。
2. 《虞氏易述解》，徐芹庭著，台北：五洲出版社，1974 年 2 月。
3. 《周易古義》，楊樹達撰集，台北：河洛圖書出版社，1974 年 5 月。
4. 《學易筆談》，杭辛齋撰，台北：廣文書局有限公司，1974 年 12 月。
5. 《周易虞氏學》，徐昂著，台北：成文出版社，1976 年，無求備齋易經集成本，第 180 冊。
6. 《周易費氏學》，馬伯通撰，台北：新文豐出版股份有限公司，1979 年 8 月。
7. 《先秦漢魏易例述評》，屈萬里著，台北：聯經出版事業公司，1984 年 7 月。
8. 《易學源流》，徐芹庭著，台北：國立編譯館，1987 年 8 月。
9. 《易學會通》，蘇淵雷著，河南：中州古籍出版社，1989 年 3 月。
10. 《先秦易學史》，高懷民著，台北：中國學術著作獎助委員會出版，1990 年 6 月。
11. 《周易鄭氏學》，胡自逢著，台北：文史哲出版社，1990 年 7 月。
12. 《細說易經六十四卦》，徐芹庭著，桃園：聖環圖書股份有限公司，1990 年 9 月。
13. 《周易象理證》，張承緒著，台北：武陵出版有限公司，1991 年 6 月。
14. 《周易研究史》，廖名春、康學偉、梁書弦著，長沙：湖南出版社，1991 年 7 月。
15. 《易學哲學史》，朱伯崑著，台北：藍燈文化事業股份有限公司，1991 年 9 月。
16. 《易經深入（二）》，徐芹庭著，中壢：普賢出版社，1991 年 10 月。
17. 《焦氏易詁》，尚秉和撰、陳金生點校，北京：中華書局，1991 年 12 月。
18. 《易學拾遺》，李周龍著，台北：文津出版社，1992 年 3 月。
19. 《周易科學觀》，徐道一編著，北京：地震出版社，1992 年 5 月。
20. 《周易古筮考》，尚秉和輯，台北：育林出版社，1993 年 9 月。
21. 《易學書目》，山東省圖書館編，濟南：齊魯書社出版發行，1993 年 12 月。
22. 《象數易學發展史（第一卷）》，林忠軍著，濟南：齊魯書社，1994 年 7

月。

23. 《周易新譯》，徐志銳著，台北：里仁書局，1996 年 2 月。

24. 《周易知識通覽》，朱伯崑主編，濟南：齊魯書社，1996 年 8 月。

25. 《易經哲學研究》，王峙淵著，台中：瑞城書局，1996 年 8 月。

26. 《象數與義理》，張善文著，台北：洪葉文化事業有限公司，1997 年 1 月。

27. 《易傳之形成及其思想》，戴璉璋著，台北：文津出版社，1997 年 2 月。

28. 《中華第一經——周易與中國文化》，宋會群、苗雪林著，開封市：河南大學出版社，1997 年 6 月。

29. 《兩漢象數易學研究》，劉玉建著，廣西：廣西教育出版社，1997 年 9 月。

30. 《象數易學發展史（第二卷）》，林忠軍著，濟南：齊魯書社出版發行，1998 年 7 月。

31. 《周易尚氏學》，尚秉和著，北京：中華書局，1998 年 12 月。

32. 《周易的自然哲學與道德函義》，牟宗三著，台北：文津出版社，1998 年 8 月。

33. 《周易虞氏學》，王新春撰，台北：頂淵文化事業有限公司，1999 年 2 月。

34. 《周易全解》，金景芳、呂紹綱著，台北：韜略出版有限公司，1999 年 11 月。

35. 《新譯周易參同契》，劉國樑注譯、黃沛榮校閱，台北：三民書局股份有限公司，1999 年 11 月。

36. 《二十世紀中國易學史》，楊慶中著，北京：人民出版社，2000 年 2 月。

37. 《易經新譯》，蕭登福著，台北：文津出版社有限公司，2000 年 2 月。

38. 《易學識小》，胡自逢著，台北：文史哲出版社，2000 年 3 月。

39. 《周易大傳今注》，高亨著，濟南：齊魯書社，2000 年 6 月。

40. 《兩漢易學與道家思想》，周立升著，上海：上海文化出版社，2001 年 11 月。

41. 《易道主幹》，張其成著，北京：中國書店，2001 年 1 月。

42. 《周易參同契研究》，蕭漢明、郭東升著，上海：上海文化出版社，2001 年 1 月。

43. 《周易象象傳易理探微》，黃沛榮著，台北 ：萬卷樓圖書有限公司，2001 年 4 月。

44. 《周易經傳與易學史新論》，廖名春著，濟南：齊魯書社，2001 年 8 月。

45. 《易學史發微》，潘雨廷著，上海：復旦大學出版社，2001 年 12 月。

46. 《周易譯注》，黃壽祺、張善文撰，上海：上海古籍出版社，2002 年 6 月。

（二）其他參考書目

1. 《三國時代之經學研究》，汪惠敏撰，台北縣：漢京文化事業有限公司，1981 年 4 月。

2. 《三國志集解》，盧弼著，北京：中華書局，1982 年 12 月。

3. 《讀經示要》，熊十力撰，台北：明文書局，1984 年 7 月。

4. 《中國文學家大辭典》，譚正璧編，上海：上海書店，1985 年 10 月。

5. 《王船山人性史哲學之研究》，林師安梧著，台北：東大圖書股份有限公司，1987 年 9 月。

6. 《天文與人文——獨特的華夏天文文化觀念》，陳江風著，北京　：國際文化出版公司，1988 年 9 月。

7. 《中國經學發展史論（上冊)》，李威熊著，台北：文史哲出版社，1988 年 12 月。

8. 《天人象：陰陽五行學說史導論》，謝松齡著，濟南：山東文藝出版社，1989 年 1 月。

9. 《兩漢今古文平議》，錢穆著，台北：東大圖書股份有限公司，1989 年 11 月。

10. 《中國的著名寺廟、宮觀與教堂》，余桂元，北京：商務印書館，1991 年 12 月。

11. 《中國經學史》，馬宗霍著，台北：臺灣商務印書館股份有限公司，1992 年 11 月。

12. 《兩漢經學源流》，王葆玹著，台北：東大圖書股份有限公司，1994 年 6 月。

13. 《緯書集成》，安居香山、中村璋八輯，河北：河北人民出版社，1994 年 12 月。

14. 《兩漢經學史》，章權才著，台北：萬卷樓圖書有限公司，1995 年 5 月。

15. 《經學史論集》，湯志鈞著，台北：大安出版社，1995 年 6 月。

16. 《簡明天文學》，周體健編，新竹市：凡異文化事業有限公司，1995 年 8 月。

17. 《中國哲學史》，任繼愈主編，北京：人民出版社，1996 年 4 月。

18. 《儒學與傳統社會之哲學省察》，林師安梧著，台北：幼獅文化事業公司，1996 年 4 月。

19. 《中國經學史的基礎》，徐復觀著，台北：臺灣學生書局，1996 年 4 月。

20. 《經學史》，安井小太郎等著、連清吉、林慶彰合譯，台北：萬卷樓圖書有限公司，1996 年 10 月。

21. 《內聖外王的貫通——北宋易學的現代闡釋》，余敦康著，上海：學林出版社，1997 年。

22. 《漢代文人與文學觀念的演進》，于迎春著，北京：東方出版社，1997 年 6 月。

23. 《三國蜀經學》，程元敏著，台北：臺灣學生書局，1997 年 8 月。

24. 《道家文化研究（第十一輯）》，陳鼓應主編，北京：生活、讀書、新知三聯書店，1997 年 10 月。

25. 《道家文化研究（第十二輯）》，陳鼓應主編，北京：生活、讀書、新知三聯書店，1998 年 1 月。

26. 《中國經濟思想通史（第二卷）》，趙靖主編，北京：北京大學出版社，1998 年 4 月。

27. 《中國儒學史（魏晉南北朝卷）》，劉振東著，廣州：廣東教育出版社，1998 年 6 月。

28. 《中國儒學史（秦漢卷）》，李景明著，廣州：廣東教育出版社，1998 年 6 月。

29. 《中古文學繫年》，陸侃如著，北京：人民文學出版社，1998 年 7 月。

30. 《中國古代的天文與曆法》，陳久金、楊怡著，北京：商務印書館，1998 年 11 月。

31. 《中國哲學史新編》，馮友蘭著，北京：人民出版社，1998 年 12 月。

32. 《中國古代科學思想史》，李約瑟著、陳立夫譯，南昌：江西人民出版社，1999 年 9 月。

33. 《秦漢思想史》，周桂鈿著，石家莊：河北人民出版社，2000 年 1 月。

34. 《中國天文學源流》，鄭光文著，台北：萬卷樓圖書有限公司，2000 年 3 月。

35. 《儒學南傳史》，何成軒著，北京：北京大學出版社，2000 年 6 月。

36. 《中國學術史（三國兩晉南北朝卷）》，王志平著，南昌：江西教育出版社，2001 年 9 月。

37. 《中華科學文明史（第二卷）》，李約瑟原著、柯林·羅南改編、上海交通大學科學史系譯，上海：上海人民出版社，2002 年 6 月。

三、期刊及學位論文（按時間先後排列）

（一）期刊論文

1. 〈虞仲翔先生年譜〉，裴占榮編，《國立北平圖書館館刊》第 7 卷第 1 號，1933 年 1、2 月。

2. 〈虞氏易旁通義舉例〉，李證剛撰，《易學討論集》（台北：眞善美出版社，

1972 年）頁 7〜22。

3. 〈虞翻周易注研究〉，簡博賢撰，《孔孟學報》第 34 期，1977 年 9 月。

4. 〈論周易卦變〉，何澤恒撰，收入於《毛子水先生九五壽慶論文集》（台北：幼獅文化事業公司，1987 年 4 月）。

5. 〈虞翻著作考釋〉，劉大鈞撰，《周易研究》，1990 年第 2 期。

6. 〈京房易學的象數模式與義理內涵〉，余敦康撰，《周易研究》，1992 年第 2 期。

7. 〈周易虞氏義乾卦坤文言箋訂〉，史次耘撰，《輔仁學誌（文學院之部）》21 卷，1992 年 6 月。

8. 〈周易虞氏義坤卦坤文言箋訂〉，史次耘撰，《輔仁學誌（文學院之部）》22 卷，1993 年 6 月。

9. 〈孟喜易學略論〉，傅榮賢撰，《周易研究》，1994 年第 3 期。

10. 〈京房易學思想述評（上）〉，崔波撰，《周易研究》，1994 年第 4 期。

11. 〈京房易學思想述評（下）〉，崔波撰，《周易研究》，1995 年第 1 期。

12. 〈焦延壽易學淵源考〉，連鎮標撰，《周易研究》，1996 年第 1 期。

13. 〈如何看待易"象"——由王弼、虞翻與朱熹對易"象"的不同看法說起〉，林麗真撰，《周易研究》，1995 年第 2 期。

14. 〈試論十二辟卦〉，王興業撰，《周易研究》，1997 年第 1 期。

15. 〈漢代象數家的人文情懷〉，張其成撰，《周易研究》，2000 年第 1 期。

16. 〈《漢書・魏相傳》 與西漢易學〉，連劭名撰，《周易研究》，2000 年第 2 期。

17. 〈西漢孟喜改列卦序中的人文思想〉，高懷民撰，《周易研究》，2000 年第 2 期。

18. 〈論《京氏易傳》與後世納甲筮法的文化內涵〉，蕭漢民撰，《周易研究》，2000 年第 2 期。

19. 〈論兩漢易學的形成、源流及其特徵〉，林忠軍撰，收入於《經學今詮初編》中國哲學第二十二輯（瀋陽：遼寧教育出版社，2000 年 6 月），頁 375〜386。

20. 〈象數思維方式的特徵及其影響〉，張其成撰，《安徽教育學院學報》第 19 卷第 1 期，2001 年 1 月。

21. 〈虞翻易學旁通說的哲理內涵〉，王新春撰，《哲學研究》，2001 年第 9 期。

22. 〈孟喜、京房的象數易學〉，林忠軍撰，收入於《經學今詮續編》中國哲學第二十三輯（瀋陽：遼寧教育出版社，2001 年 10 月），頁 267〜307。

23. 〈周易古義考〉，劉大鈞撰，《中國社會科學》，2002 年第 5 期。

24. 〈簡論帛書《易傳》中的卦氣思想〉，井海明撰，《周易研究》，2002 年第

4 期。

25. 〈《易經》思想與二十一世紀文明之發展〉，林師安梧撰，《鵝湖月刊》第
    28 卷第 6 期，2002 年 12 月。

（二）學位論文

1. 《朱子易學研究》，江弘毅，國立台灣師範大學國文研究所碩士論文，1985
   年。

2. 《前漢五經齊魯學之形成及其影響研究》，江乾益，國立台灣師範大學國
   文研究所博士論文，1991 年。

3. 《船山易學研究》，林文彬，國立台灣師範大學國文研究所博士論文，1994
   年。

4. 《吳澄的《易經》解釋與《易》學觀》，楊自平，國立中央大學中文研究
   所博士論文，2000 年。

5. 《張惠言易學研究》，王宏仁，國立高雄師範大學國文研究所博士論文，
   2001 年。

附錄一：《東坡易傳》中的性命之說

一、前　言

天人性命之說是中國思想上重要的論題之一，為一般中國士人所重視，蓋君子為學，以究知天人、盡性知命為目標，故學不究天人之際，實不足以謂之學。北宋蘇軾不僅於詩詞、文章、書畫有高度之成就，於思想義理上亦有可取之處，故本文從《東坡易傳》探討書中所云性命之說，或可作為進一步全面理解東坡《易》學思想之基礎。

蘇軾（西元 1036～1101 年），字子瞻，一字和仲，號東坡，諡文忠。其專門之學術著作有三部，分別為《東坡易傳》、《論語說》與《東坡書傳》，三書皆成於被貶謫期間，可謂憂患之作。前人論東坡，對其經學義理思想論述較少，而其門人秦觀於〈答傅彬老簡〉一書信中指出：「蘇氏之道，最深於性命自得之際。」〔註1〕「蘇氏之道」指的是「蘇氏蜀學」〔註2〕，所謂「自得」即「深造自得」〔註3〕，秦觀認為三蘇對於天人性命之理有深入地研究並且有

〔註 1〕參（宋）秦觀撰：《淮海集》（上海：上海書店，1989 年，《四部叢刊初編》本）卷 30，頁 1 右。
〔註 2〕眉山「蘇氏蜀學」是由蘇洵創立，其二子繼承發展，而以東坡為代表。北宋中期「蘇氏蜀學」與王安石的「新學」、二程「洛學」、橫渠「關學」等學術流派同時興起，並且與新學、洛學三足鼎立。「蘇氏蜀學」亦稱「蘇氏之學」，簡稱「蘇學」。詳細內容可參考胡昭曦、劉復生、粟品孝所著：《宋代蜀學研究》（四川：巴蜀書社，1997 年 3 月）。
〔註 3〕《孟子·離婁下》云：「君子深造之以道，欲其自得之也。自得之則居之安；居之安則資之深；資之深則取之左右逢其原。故君子欲其自得之也。」參（漢）趙岐注、（宋）孫奭疏：《孟子注疏》（台北：藝文印書館，1997 年 8 月，初版 13 刷，十三經注疏本），頁 144。

得於心。言下之意爲，性命之學才是「蘇學」之精華所在，至於文章乃是「與世周旋，至粗者也。」〔註4〕南宋朱子也說：「蘇氏之學，上談性命，下述政理。」〔註5〕而東坡對於自己的經學著述亦相當重視，自稱「頗正古今之誤，粗有益於世」〔註6〕，又謂：「某凡百如昨，但撫視《易》、《書》、《論語》三書，即覺此生不虛過。如來書所論，其他何足道！」〔註7〕由此亦可見其自信與自許。而《周易》示人以天人性命之理，故本文即以《東坡易傳》爲主，間以其文章爲輔，探討東坡對《周易》性命之理的闡釋與發揮，冀能明秦觀所謂「性命自得」之內容主旨。

二、論　性

（一）性不可以善惡言

東坡在注解《周易‧繫辭傳上》「一陰一陽之謂道，繼之者善也，成之者性也」等句時，指出孟子性善說的錯誤，他說：「昔者孟子以善爲性，以爲至矣，讀《易》而後知其非也。」〔註8〕其觀點如下：

> 陰陽交而生物，道與物接而生善，物生而陰陽隱，善立而道不見矣。故曰：「繼之者善也，成之者性也。」仁者見道而謂之仁，智者見道而謂之智。夫仁智，聖人之所謂善也；善者，道之繼，而指以爲道則不可。今不識其人，而識其子，因之以見其人則可，以爲其人則不可，故曰：「繼之者善也」。學道而自其繼者始，則道不全。〔註9〕

東坡指出，所謂的「善」是指「道之繼」，它是因爲繼承、發展著道而產生的，而仁、智只是善的內容之一，是因個人對道的理解與觀念之不同，而給予不同的名稱，但仁、智本身已經不是道。例如說，我們可經由小孩想見其父母，但這小孩並非父母本身。因此，仁、智都只是「道之一曲」，而非「道之大全」〔註

〔註4〕（宋）秦觀撰：《淮海集》，頁1左。
〔註5〕參（宋）朱熹撰；郭齊、尹波點校：《朱熹集》（四川：四川教育出版社，1996年10月）卷33，〈答呂伯恭（五）〉，頁1413。
〔註6〕參（明）茅維編；孔凡禮點校：《蘇軾文集》（北京：中華書局，1999年7月，1版5刷）卷51，頁1482。
〔註7〕（明）茅維編；孔凡禮點校：《蘇軾文集》卷57，頁1741。
〔註8〕參（宋）蘇軾著：《東坡易傳》（台北：世界書局，1986年2月，景印摛藻堂四庫全書薈要本）卷7，頁156上。
〔註9〕（宋）蘇軾著：《東坡易傳》卷7，頁155下～156上。
〔註10〕東坡云：「夫道之大全也，未始有名，而《易》實開之。」見（宋）蘇軾著：

10〕，故不能以善爲性。他接著說：

> 孟子之於性，蓋見其繼者而已。夫善，性之效也。孟子不及見性，而
> 見夫性之效，因以所見者爲性。性之於善，猶火之能熟物也，吾未嘗
> 見火，而指天下之熟物以爲火，可乎？夫熟物則火之效也。〔註11〕

這裡說明，善是「性之效」，也就是性的效驗、功能，猶如火有使食物變熟的
功能一般。如此說來，不只善是性之效，惡應該也是，一切外在行爲的善惡，
都是性之效，不過當我們提到有關功能、效驗、價值等名詞時，基本上是從
正面來探討，但其實惡也是從性而來。所以東坡在〈揚雄論〉中說：「夫善惡
者，性之所能之，而非性之所能有也。」〔註12〕

對於「性」與「善」兩者關係之討論，在東坡的《論語說》中有更詳盡
的說明，其文如下：

> 《易》曰：「一陰一陽之謂道，繼之者善也，成之者性也。」成道者
> 性，而善繼之耳，非性也。性如陰陽，善如萬物，物無非陰陽者，
> 而以萬物爲陰陽則不可。故陰陽者，視之不見，聽之不聞，而非無
> 也。今以其非無即有而命之，則凡有者皆物矣，非陰陽也。故天一
> 爲水，而水非天一也；地二爲火，而火非地二也，人性爲善，而善
> 非性也。使性而可以謂之善，則孔子言之矣。苟可以謂之善，亦可
> 以謂之惡。故荀卿之所謂性惡者，蓋生於孟子；而揚雄之所謂善惡
> 混者，蓋生於二子也。性其不可以善惡命之，故孔子之言曰：「性相
> 近也，習相遠也」而已。〔註13〕

此處東坡將「性」比作陰陽之氣、「善」比作萬物，這和他論及宇宙生成的
次序相關，他認爲宇宙發展的次序爲：「道（太極）→陰陽之氣→萬物」。萬
物皆是陰陽之氣交相感應作用而產生，具體的事物一產生，就稱之爲「器」，
已經有別於陰陽，此時如指著器說這是陰陽，則不可；但如果因無法見聞到

《東坡易傳》卷8，頁172下。

〔註11〕（宋）蘇軾著：《東坡易傳》卷7，頁156上。

〔註12〕（明）茅維編；孔凡禮點校：《蘇軾文集》卷4，頁111。

〔註13〕參（宋）余允文撰：《尊孟續辨》（台北：藝文印書館，1965年，《百部叢書集
成》影印《守山閣叢書》本）卷下，頁7右～左。東坡之《論語說》早已亡
佚，因此只能從後人著作中間接得知《論語說》之大致原貌。今人馬德富及
卿三祥兩人皆輯得此書之相關資料並發表於期刊上，篇名皆作〈蘇軾《論語
說》鈎沉〉。馬氏之文發表於《四川大學學報（哲學社會科學版）》1992年第
4期；卿氏之文則載於《孔子研究》1992年第2期。

陰陽，而說器之中無陰陽作用之理，亦不可。「是故指生物而謂之陰陽，與不見陰陽之髣髴而謂之无有者，皆惑也。」〔註14〕換言之，指善而謂之性者，亦惑也。孔子言性僅止於「性相近」，未曾斷之以善惡，故說「性其不可以善惡命之」，也就是說，論性是不能談善或惡的，如果可以講善或惡，則二者皆不是性。

（二）性與才有別

性無所謂的善惡，也就是無善無惡，而前人論性從孟子認爲性善、荀子認爲性惡、揚雄以爲善惡混，到韓愈的性三品說，可謂人各一說，並無定論。而東坡指出造成這種情形的原因是：「天下之言性者，皆雜乎才而言之，是以紛紛而不能一也。」（〈揚雄論〉）〔註15〕他認爲「性」與「才」二者「相近而不同」（同上），東坡以樹木作比喩說：

> 今夫木，得土而後生，雨露風氣之所養，暢然而遂茂者，是木之所
> 同也，性也。而至於堅者爲轂，柔者爲輪，大者爲楹，小者爲桷。
> 桷之不可以爲楹，輪之不可以爲轂，是豈其性之罪耶？（同上）

樹木得到土壤、風雨的滋潤而長得豐美茂盛，這是所有樹木共同的「性」；而「才」指的是才能，也就是樹木所發揮出的功能、作用。樹木堅硬者，可當車輪的軸心圓木（轂）；較柔者，可作車輪外圍的圓形部分（輪）。樹幹粗大者，可以爲堂前大柱（楹）；但細小者，就只能當屋椽（桷），而桷不可爲楹，輪不能當轂，這應該是「才」的問題，而非「性」的罪過。因此，東坡批評韓愈的性三品說是「離性以爲情，而合才以爲性，是故其論終莫能通。」〔註16〕

以人來說，「才」是可經由外在的學習、培養而增加；「性」則是「聖人之所與小人共之，而皆不能逃焉」〔註17〕。東坡在解釋「成性存存，道義之門」時說：「性所以成道而存存也。堯舜不能加，桀紂不能亡，此眞存也。存是則道義所從出也。」〔註18〕又他注解〈乾卦‧象辭〉時指出：

> 君子日脩其善，以消其不善，不善者日消，有不可得而消者焉。小

〔註14〕（宋）蘇軾著：《東坡易傳》卷7，頁155下。
〔註15〕（明）茅維編；孔凡禮點校：《蘇軾文集》，頁110。
〔註16〕（明）茅維編；孔凡禮點校：《蘇軾文集》，頁110～111。
〔註17〕（明）茅維編；孔凡禮點校：《蘇軾文集》，頁110。
〔註18〕（宋）蘇軾著：《東坡易傳》卷7，頁158上。

人日脩其不善以消其善，善者日消，亦有不可得而消者焉。夫不可

得而消者，堯舜不能加焉，桀紂不能亡焉，是豈非性也哉！〔註19〕

朱子在〈雜學辨〉中以爲東坡這段話最有道理，他的評論是：

夫謂不善日消而有不可得而消者，則疑若謂夫本然之至善矣。謂善

日消而有不可得而消者，則疑若謂夫良心之萌蘖矣。以是爲性之所

在，則似矣。〔註20〕

由此看來，東坡所謂的「堯舜不能加，桀紂不能亡」、「眞存」、「不可得而消

者」其實和孟子所謂的良知良能是相似的，如依東坡自己的說法，則謂之

「誠」。在〈乾卦・文言〉「閑邪存其誠」一句下，他解析說：

堯舜之所不能加，桀紂之所不能亡，是謂誠。凡可以閑而去者，无非

邪也，邪者盡去，則其不可去者自存矣，是謂「閑邪存其誠」。〔註21〕

東坡此處點出，「性」的實質內涵就是「誠」，而我們無需刻意去追求它，因

爲只要去除「邪」，「誠」便自存，因此，「閑邪」即有「存誠」之功能作用。

（三）性與道之辨

「誠」不但是道義之所從出，更是我們成聖成道之依據。它眞實而自然

地存在，如此說來，「性」與「道」同具有本體的意義。前文有提到東坡將「性」

比爲「陰陽之氣」，而「陰陽之氣」與「道」之關係又如何？他說：

聖人知道之難言也，故借陰陽以言之，曰：「一陰一陽之謂道。」一

陰一陽者，陰陽未交而物未生之謂也。喻道之似莫密於此者矣。……

陰陽之未交，廓然无一物，而不可謂之无有，此眞道之似也。〔註22〕

陰陽之氣尙未交相作用的狀態，是一團元氣，此種狀態其實是「道之似」而

非道。那麼「性」與「道」二者究竟要如何區別呢？東坡設問自答，其文曰：

敢問性與道之辨？曰：難言也，可言其似。道之似則聲也，性之似

則聞也，有聲而後有聞邪？有聞而後有聲邪？是二者，果一乎？果

二乎？孔子曰：「人能宏道，非道宏人」，又曰：「神而明之，存乎其

人。」性者，其所以爲人者也，非是无以成道矣。〔註23〕

〔註19〕（宋）蘇軾著：《東坡易傳》卷1，頁34上。

〔註20〕（宋）朱熹撰：郭齊、尹波點校：《朱熹集》卷72，頁3759。

〔註21〕（宋）蘇軾著：《東坡易傳》卷1，頁35下。

〔註22〕（宋）蘇軾著：《東坡易傳》卷7，頁155下。

〔註23〕（宋）蘇軾著：《東坡易傳》卷7，頁156上。

道無所不在，無處不有，當「道」在於人時則爲「性」。因此，「道」應當在「性」之前，「聲」自然是先於「聞」。但如果說「聲」先於「聞」，那麼在「聞」之前，「聲」在何處？又若說先「聞」而後有「聲」，試問「聞」之後「聲」在哪裡？所以「性」與「道」之區別實在是很難說得明白，二者可以說是幾乎同時產生。雖然如此，但我們可以發現，東坡強調的是「性」而不是「道」，因爲「性」是人之所以爲人的根據，而也唯有人能弘揚道、彰顯道、成就道。

三、性與命、情的關係

（一）性、命、情一貫

一般談到「性」就會連著「命」來說，所以接著要探討的是《東坡易傳》中所論述的「命」，以及「性」、「命」、「情」三者之間的關係。而東坡對於「命」與「情」又是如何界定呢？他說：

> 命，令也。君之令曰命，天之令曰命，性之至者亦曰命。性之至者非命也，无以名之，而寄之命也。死生禍福，莫非命者，雖有聖智，莫知其所以然而然。君子之於道，至於一而不二，如手之自用，則亦莫知其所以然而然矣，此所以寄之命也。情者，性之動也。〔註24〕

東坡對「命」理解是，除了君令、天令稱爲「命」之外，「性之至」也稱作「命」，而性的極致其實也不是命，只是命之上，已無法再用言語說明，因而「寄之命」，也就是把一切「莫知其所以然而然」的情形，全部歸作「命」。東坡作一個比喻：「猶器之用於手，不如手之自用，莫知其所以然而然也，性至於是，則謂之命。」〔註25〕器之用於手，則猶有物我之別，而手之自用，即是達到「物我合一」、「一而不二」的境界。《東坡易傳》中經常提到「一」這個概念，例如他說：「《易》將明乎一」〔註26〕、「夫道一而已」〔註27〕，「一」就是道，事實上，道非一非二，但因形而下的現象界已是「二」，故稱道爲「一」。至於「情」則是「性之動」，由「性」所發動而出的就是「情」，在〈咸卦・象辭〉的注解中，東坡指出：「情者，其誠然也」〔註28〕，「情」就是指眞誠無僞的情感。

〔註24〕（宋）蘇軾著：《東坡易傳》卷1，頁34下。
〔註25〕（宋）蘇軾著：《東坡易傳》卷1，頁34。
〔註26〕（宋）蘇軾著：《東坡易傳》卷8，頁170下。
〔註27〕（宋）蘇軾著：《東坡易傳》卷8，頁173上。
〔註28〕（宋）蘇軾著：《東坡易傳》卷4，頁88。

在東坡的觀念中，「命」、「性」、「情」三者一貫而相通，其關係如下：

> 泝而上，至於命，沿而下至於情，无非性者。性之與情，非有善惡
> 之別也，方其散而有爲，則謂之情耳。命之與性，非有天人之辨也，
> 至其一而无我，則謂之命耳。〔註29〕

以「性」居中，上推則至於「命」；下推則至於「情」。言其達到「一而無我」
謂之「命」；言其「散而有爲」謂之「情」，然而此皆是形容「性」的不同狀
態之別名，兩者俱是性的不同展現。因此，「命」與「性」並無天人高下之別；
「性」與「情」亦無善惡美醜之分，三者實爲一體之異名。

（二）卦以言性，爻以言情

「情」是「性」的發動，是「性」的散而有爲，東坡將此種性情觀運用
在解《易》上，於〈乾卦・彖辭〉「乾道變化，各正性命，保合太和乃利貞」
的注解中提出「卦以言性，爻以言情」的論點，東坡云：

> 其於《易》也，卦以言其性，爻以言其情。情以爲利，性以爲貞，
> 其言也互見之，故人莫之明也。《易》曰：「大哉乾乎！剛健中正，
> 純粹精也。」夫剛健中正純粹而精者，此乾之大全也，卦也。及其
> 散而有爲，分裂四出而各有得焉，則爻也。故曰：「六爻發揮，旁通
> 情也。」以爻爲情，則卦之爲性也明矣。「乾道變化，各正性命，保
> 合太和乃利貞」，以各正性命爲貞，則情之爲利也亦明矣。又曰：「利
> 貞者，性情也」，言其變而之乎情，反而直其性也。〔註30〕

東坡從〈乾卦・彖辭〉及〈文言〉相互引證說明了「卦以言性，爻以言情」
的觀點，以〈乾卦〉爲例，就全卦來看，剛健中正，純粹而精，是「乾之大
全」，也就是此卦的最高理想，是六爻所欲達到的目標，但必需「各正性命」
方能得之；而就各爻來看，因爲所處地位與外在環境之不同，所以表現在外
之行爲和內在的思考模式便不盡相同，故或潛、或見、或躍、或飛，每爻皆
選擇最恰當的方式以適應不同的處境，此即東坡所謂：「方其變化，各之於情，
无所不至。」〔註31〕如以某一特定事件比喻，「卦」應是就整個全局來說，而
「爻」則是就事件發展的歷程來說。

〔註29〕（宋）蘇軾著：《東坡易傳》卷1，頁34下。

〔註30〕（宋）蘇軾著：《東坡易傳》卷1，頁34下～35上。

〔註31〕（宋）蘇軾著：《東坡易傳》卷1，頁34上。

（三）反而直性，以至於命

　　前文提及「性」到達「一而無我」的境界謂之「命」，此爲一逆推之過程，故東坡云：「反而循之，各直其性以至於命，此所以爲貞也。」〔註 32〕〈乾卦‧彖辭〉中的「各正性命」及〈說卦傳〉首章所說的「窮理盡性，以至於命」，皆是說明此理。那麼要如何「直性以至於命」呢？以下分兩個要點敘述：

1. 窮理解蔽

　　東坡云：「君子貴性與命也，欲至於性命，必自其所以然者泝而上之」〔註 33〕，「所以然者」即是「理」，故君子欲至於性命，必自窮理始。又云：「天地與人一理也，而人常不能與天地相似者，物有以蔽之也。……夫苟无蔽，則人固與天地相似也。」〔註 34〕人常無法和天地相似，這是因爲被外物蔽塞，因此要解蔽通塞，使自己不偏執，不預存成見。東坡解析〈繫辭傳下〉「精義入神」一句，即是用「窮理盡性，以至於命」來說明，他說：

> 精義者，窮理也。入神者，盡性以至於命也。窮理盡性以至於命，
> 豈徒然哉？將以致用也。譬之於水，知其所以浮，知其所以沉，盡
> 水之變而皆有以應之，精義者也。知其所以浮沉而與之爲一，不知
> 其爲水，入神者也。與水爲一，不知其爲水，未有不善游者也，而
> 況以操舟乎？此之謂致用也。〔註 35〕

此處以游泳來譬喻，知道水之所以浮、沉之理，並且不論水如何變化，都有辦法去克服、適應而免於溺斃，這就是「精義」、「窮理」；不僅如此，如能更進一步與水合一，甚至忘了自己置身水中，這就達到「入神」、「至於命」的境地。以如此善游之人來操舟，那麼他所能發揮的作用將是無法預測的。因此，「窮理盡性」之主要目的即是要「致用」，君子學必期於有用，否則便無濟於事，此弊東坡於〈應制舉上兩制書〉中有指出〔註 36〕，可見東坡並非一空談性命者，他不主張將道理說得太高、太玄，認爲一切的道理皆應落實到

〔註 32〕（宋）蘇軾著：《東坡易傳》卷 1，頁 34 上。

〔註 33〕（宋）蘇軾著：《東坡易傳》卷 9，頁 178 下。

〔註 34〕（宋）蘇軾著：《東坡易傳》卷 7，頁 154 下～155 上。

〔註 35〕（宋）蘇軾著：《東坡易傳》卷 8，頁 170 下。

〔註 36〕其文云：「學者莫不論天人，推性命，終於不可究，而世教因以不明。自許太高，而措意太廣；太高則無用，太廣則無功。」見（明）茅維編；孔凡禮點校：《蘇軾文集》卷 48，頁 1392。

人事上來。由此段引文亦可看出，「精義」（窮理盡性）與「入神」（以至於命）之最大區別在於「與之爲一，不知其爲水」，此處的「不知」，非眞不知，而是已達「無心而一」之妙境，這是下文所要論述的。

2. 無心而一

東坡解《易》很強調「無心」，他說：「乾无心於知之，故易；坤无心於作之，故簡。易故无所不知，簡故无所不能。」〔註37〕又說：「乾、坤惟无心故一，一故有信，信故物知之也易，而從之也不難。」〔註38〕「道」是「一」，「一」則有「常」，「常」故有「信」；而乾、坤之所以能「一」，重點在於「無心」。東坡認爲聖人之所以異於一般人，「特以其无心爾。」〔註39〕但是心既然已有，又如何把它「無」了呢？從〈咸卦〉的注解中，我們可以發現，只要「遺心」便自然「無心」。東坡說：

> 咸者以神交，夫神者，將遺其心，而況於身乎！身忘而後神存，心
> 不遺則身不忘，身不忘則神忘。故神與身，非兩存也，必有一忘，
> 足不忘屨，則屨之爲累也，甚於桎梏；要不忘帶，則帶之爲虐也，
> 甚於縲紲。人之所以終日躡屨束帶而不知厭者，以其忘之也。〔註40〕

「咸」爲感應之意，故此處之「神」可解釋爲「精神」。唯有精神能突破時間、空間及形體的限制而相互感應，所以我們能尚友古人、能知鬼神之情狀、能獨與天地精神相往來，此皆得先「遺心存神」方有可能。唯有遺忘自己的身心，使精神獨立存在，才可進一步達到莊子所謂「魚相忘乎江湖，人相忘乎道術」〔註41〕的境界，前文所云「與之爲一，不知其爲水」之境界亦與此同。

然而要如何「遺心」呢？關鍵在於「不執著」。東坡指出：「天下之理未常不一，而一不可執，知其未嘗不一而莫之執，則幾矣。」〔註42〕「不可執」、「莫之執」即是「不執著」；不僅「心」不可執，「一」也不可執，以佛學來說，東坡之意不僅是破除「我執」，甚至連「法執」也破除了。由此可知，東坡所謂「無心」、「遺心」、「莫之執」等，名言雖異，其旨一也。因此，聖人

〔註37〕（宋）蘇軾著：《東坡易傳》卷7，頁152上。
〔註38〕（宋）蘇軾著：《東坡易傳》卷7，頁152上。
〔註39〕（宋）蘇軾著：《東坡易傳》卷7，頁152下。
〔註40〕（宋）蘇軾著：《東坡易傳》卷4，頁88下～89上。
〔註41〕參（清）郭慶藩編、王孝魚整理：《莊子集釋》（台北：萬卷樓圖書有限公司，1993年3月，初版2刷）〈大宗師〉，頁272。
〔註42〕（宋）蘇軾著：《東坡易傳》卷7，頁153上。

是「有惻隱之心，而未嘗以爲仁也；有分別之心，而未嘗以爲義也。所遇而爲之，是心著於物也。人則從後而觀之，其惻隱之心成仁，分別之心成義。」〔註43〕聖人雖無心於仁義、對仁義之名不執著，然其於日常動作云爲中便自然行仁義，也就是達於「無心而一」、「從容中道」之境界。

四、結　論

　　總上所述，東坡的性命之說實有其獨特處。首先，他認爲「性」不能論其善惡，也因此反對孟子的性善說，但他同時又指出「性」的實體爲「誠」，是成人成道之依據。其次，東坡強調「命」、「性」、「情」一貫，無所謂天人、善惡之別，只要我們能反而直性以至於命，就可達到「精義入神」之最高境界。求道是由末而反求其本，而東坡指出，在這反本的過程中最重要的是能夠以「無心」、「遣心」之態度去窮理、躬行，如能以這種不執著的態度去學習，「日知其所亡，月無忘其所能」〔註44〕，循序漸進，自強不息，則成道之日可待矣。

　　此外，在《易》學上，東坡主張「卦以言性，爻以言情」，並順此原則切合著人事來解釋卦爻中所蘊涵的義理思想，不過這在本文尚未多加論述，對於《東坡易傳》中之卦爻結構、義理的深入闡釋及其在北宋《易》學史上之地位等論題的探討，當俟諸來日。

參考文獻

1. （宋）蘇軾：《東坡易傳》（台北：世界書局，1988 年 2 月，景印摛藻堂四庫全書薈要本）。

2. （宋）蘇軾：《蘇氏易傳》（北京：中華書局，1985 年，「叢書集成初編」排印「學津討原」本）。

3. （宋）蘇軾：《東坡先生易傳》（台北：成文出版社，1976 年，「無求備齋易經集成」影印明萬曆 25 年刊「兩蘇經解」本）。

4. （宋）蘇軾：《東坡易傳》（台北：商務印書館，1983 年，景印文淵閣四庫全書本）。

5. （宋）蘇軾：《蘇氏易傳》（台北：藝文印書館，1965 年，「百部叢書集成」影印「學津討原」本）。

〔註43〕（宋）蘇軾著：《東坡易傳》卷 7，頁 151 下。

〔註44〕參（魏）何晏注、（宋）邢昺疏：《論語注疏》（台北：藝文印書館，1997 年 8 月，初版 13 刷，十三經注疏本），頁 171 下。

6.　（宋）余允文：《尊孟續辨》（台北：藝文印書館，1965 年，「百部叢書集成」影印「守山閣叢書」本）。

7.　（宋）秦觀：《淮海集》（上海：上海書店，1989 年 3 月，四部叢刊初編本）。

8.　（宋）朱熹撰；郭齊、尹波點校：《朱熹集》（四川：四川教育出版社，1996年 10 月）。

9.　（明）茅維編；孔凡禮點校：《蘇軾文集》（北京：中華書局，1999 年 7月，1 版 5 刷）。

10.　許肇鼎：《宋代蜀人著作存佚錄》（四川：巴蜀書社，1986 年）。

11.　侯外廬主編：《中國思想通史》（北京：人民出版社，1995 年 10 月，1 版 5刷）。

12.　唐玲玲、周偉民：《蘇軾思想研究》（台北：文史哲出版社，1996 年 2 月）。

13.　胡昭曦、劉復生、粟品孝：《宋代蜀學研究》（四川：巴蜀書社，1997 年 3月）。

14.　孔凡禮：《蘇軾年譜》（北京：中華書局，1998 年 2 月）。

15.　韓鐘文：《中國儒學史（宋元卷）》（廣州：廣東教育出版社，1998 年 6 月）。

16.　何成軒：《儒學南傳史》（北京：北京大學出版社，2000 年 6 月）。

（此文曾發表於《鵝湖月刊》第 28 卷第 11 期總號第 335（2003 年 5 月），頁 48～54。）

附錄二：馬一浮《易》學觀略論
——以〈觀象巵言〉爲核心之探討

摘　要

　　本文以〈觀象巵言〉爲核心，探討馬一浮之《易》學觀，以明其治《易》之法。首先，關於對卜筮之看法，馬一浮認爲卜筮之靈驗與否乃取決於人之精神，而非取決於蓍龜；其次，關於讀《易》之方法，馬氏提出「學《易》之要在觀象」，而觀象當本之《十翼》；最後，馬氏認爲，學《易》之旨在「識其本心」，順性命之理，與聖人同得同證。而由本文之論述，吾人亦可發現，「心外無物」之觀點，幾可貫串馬氏之《易》學思想。

關鍵詞：馬一浮、觀象巵言、易學

一、前　言

　　馬浮，字一浮，幼名福田，號湛翁，晚號蠲戲老人，浙江紹興人。生於
清光緒九年（西元 1883 年），卒於民國五十六年（西元 1967 年），享年八十
五歲。自幼有神童之稱，嘗遍讀文瀾閣所藏《四庫全書》，其學問廣博無涯，
深不可測，主要著作有《泰和會語》、《宜山會語》、《復性書院講錄》、《爾雅
臺答問》等。弘一大師嘗稱其爲「生而知之」者〔註1〕、熊十力指其「道高識
遠」〔註2〕、梁漱溟贊其爲「千年國粹，一代儒宗」〔註3〕，足見其在中國近
代思想史上之地位。

　　馬一浮之思想歸宗六藝，「以六藝統攝一切學術」爲其重要主張，其中又
以《易》爲關鍵至要，馬氏嘗云：「《易》爲六藝之原，亦爲六藝之歸。」〔註
4〕然而學界研究馬一浮《易》學思想者並不多，有關中國近代《易》學史，
也多未將馬一浮思想列爲專章論述；雖同爲當代新儒家的代表人物之一，學
者對於熊十力、牟宗三、唐君毅等思想之相關研究，單就論文數量而言皆超
過馬一浮；反觀對馬氏思想作深入研究者則屈指可數，與前人對其高度評價
極不相應。因此，本文擬以《復性書院講錄》第六卷〈觀象卮言〉爲核心，
再旁及其他相關論述，探討馬一浮論《易》之重要觀念，以明其治《易》之
法，亦欲藉此引起學界對馬一浮學問之重視，此爲本文寫作動機之一。

二、卜筮之靈驗在人之精神

（一）卜筮以示誡

　　關於《周易》一書之性質，南宋朱子（西元 1130～1200 年）指出《易》
本是聖人爲卜筮而作，此在《語類》中論之甚詳，今且舉兩段文字，略示梗
概，朱子嘗云：

　　　上古民淳，未有如今士人識理義嶢崎，蠢然而已，事事都曉不得。

〔註1〕馬鏡泉、趙士華：《馬一浮評傳》（南昌：百花洲文藝出版社，1996 年 12 月，
　　　1 版 2 刷）第 6 章，頁 32。
〔註2〕熊十力：《十力語要》（北京：中華書局，1996 年 8 月）卷 2〈與賀昌羣〉，頁
　　　201。
〔註3〕轉引自滕復：《馬一浮思想研究》（北京：中華書局，2001 年 10 月），頁 1。
〔註4〕《復性書院講錄》卷 6〈觀象卮言·序說〉，《馬一浮集（第一冊）》（杭州：浙
　　　江古籍出版社、浙江教育出版社，1996 年 10 月），頁 422。

> 聖人因做《易》，教他占，吉則爲，凶則否，所謂「通天下之志，定
> 天下之業，斷天下之疑」者，即此也。及後來理義明，有事則便斷
> 以理義。

今學者諱言《易》本爲占筮作，須要說做爲義理作。若果爲義理作時，何不直述一件文字，如《中庸》、《大學》之書，言義理以曉人？須得畫八卦則甚？[註5]

　　朱子認爲《易》本是爲卜筮而作，目的在解決眾人之疑惑，使人民能趨吉避凶；若是專爲義理而作，則直說道理，使人易曉，豈不更直截簡易，何須再畫八卦呢？此處除了說明《周易》一書具有卜筮之功能外，同時也道出了此部書是文字與圖像的結合，而這也是它和諸經在形式上之不同處。明代王陽明（西元 1472～1528 年）和其弟子亦曾論及此問題，《傳習錄》有載：

> 問：「《易》，朱子主卜筮，程《傳》主理，何如？」先生曰：「卜筮
> 是理，理亦是卜筮，天下之理，孰有大於卜筮者乎？只爲後世將卜
> 筮專主在占卦上看了，所以看得卜筮似小藝。不知今之師友問答，
> 博學、審問、慎思、明辯、篤行之類，皆是卜筮。卜筮者，不過求
> 決狐疑，神明吾心而已。《易》是問諸天人，有疑自信不及，故以
> 《易》問天；謂人心尚有所涉，惟天不容僞耳。」[註6]

由「《易》是問諸天人」一語可知，陽明基本上仍是肯定朱子的說法，只是他著重在卜筮以「決疑」的功能，不論是問天或問人，目的皆是爲了決斷疑惑；因此他認爲平日師友間的問答，亦可視爲卜筮，只是問的對象不同而已。然人們產生疑惑時，多藉占卦以定吉凶，主要是因爲人於現實環境中，易爲世俗之權力、利益、欲望等因素糾纏，而無法作出正確之判斷；唯有天是大公無私、眞誠無妄，故無絲毫虛假。[註7]

　　馬一浮並不否定《易》本爲「卜筮之書」，但他認爲自孔子作《十翼》後，易道便不再只限於卜筮，且古人國有大事皆取決於卜的處理方式，並不

〔註5〕（宋）黎靖德編：《朱子語類》（北京：中華書局，1996 年 6 月，1 版 4 刷）卷
　　　66，頁 1620、1622。
〔註6〕（明）王守仁：《王陽明全集》（上海：上海古籍出版社，1997 年 8 月，1 版 3
　　　刷）卷 3，頁 102。
〔註7〕以陽明本身爲例，其在赴龍場驛之前，本思遠避，然又擔心禍及親人，因而占
　　　卦，得〈明夷〉。明夷者，明入地中，光明全失，陽明心知遠避不可爲，遂斷
　　　此念。參（明）王守仁：《王陽明全集》卷 33〈年譜一〉，頁 1221。

適用於今人；是以馬一浮指出今之治《易》者，不當將《易》僅視爲「卜筮之書」，而且他認爲卜筮之所以會靈驗，並非由於鬼神或蓍龜能告知吉凶，而是人的精神透過蓍龜這樣的卜筮工具而具體顯現出來，因此，蓍龜之神其實是人之神，馬氏說：

> 龜之有兆，自人灼之；蓍之有數，自人揲之。龜筮無言，問焉而以言者，皆人也。人不自任其私智，致其精誠，其神明即寄於蓍龜而顯。蓍龜之神，人之神也。〔註8〕

馬一浮以爲灼龜、揲蓍、言吉凶者皆是由人，「龜筮本是無情之物，又何以能知人之吉凶禍福」？〔註9〕故蓍龜所顯之象，其實是吾人精神之投影，而吉凶禍福皆由人自致，「人失其正，則貞在龜筮矣，此示誡之言也。」〔註10〕意在誡人立身處世當行正道，由自己作主宰則吉，若不正而專聽於蓍龜則反入於凶。

又馬氏認爲若經常有疑而求之於蓍龜，此人必是對於義理不明白，不明則當以明對治之，「若欲從蓍草上覓，轉求轉遠，故嘗謂蓍龜非神，神自人耳。」〔註11〕因此，馬氏指出，今日研《易》當以義理爲主，不主尚占〔註12〕，故「揲蓍之法可以存而不論」。〔註13〕並且以爲若專論蓍龜則易道反小，「學《易》者決不可自安於小，易道本大，從而爲之說者乃反小之，是不可以不簡也。」〔註14〕此是馬一浮示學者讀《易》之基本態度，以及他對卜筮之看法。

（二）易簡爲吉，險阻爲凶

吉凶既非由蓍龜而定，然〈繫辭〉明言「八卦定吉凶」，又該如何解釋？馬一浮以爲〈繫辭〉所云「八卦定吉凶」，是指吉凶定於吾人一心陰陽動靜之象，他說：「夫天下之至賾、至動者非心乎？心外無物，凡物之賾、動皆心爲之也。」〔註15〕故八卦所顯示的是吾人一心之象，在心之外無卦亦無象。又〈繫辭〉所說「吉凶者，言乎其失得也」，馬一浮認爲此處之失得並非世俗所

〔註8〕《復性書院講錄》卷5〈洪範約義・別釋稽疑〉，《馬一浮集》冊1，頁385。

〔註9〕《問學私記》，《馬一浮集（第三冊）》（杭州：浙江古籍出版社、浙江教育出版社，1996年12月），頁1171。

〔註10〕〈洪範約義・別釋稽疑〉，《馬一浮集》冊1，頁390。

〔註11〕〈觀象卮言・辨小大〉，《馬一浮集》冊1，頁457。

〔註12〕占爲卜筮之通稱，卜用龜、筮用蓍，蓍簡龜繁。古人多以「蓍短龜長」而較重視卜，由「卜」到「筮」是占卜方法的演進。

〔註13〕〈觀象卮言・辨小大〉，《馬一浮集》冊1，頁456。

〔註14〕〈觀象卮言・辨小大〉，《馬一浮集》冊1，頁451。

〔註15〕〈觀象卮言・原吉凶、釋德業〉，《馬一浮集》冊1，頁432。

計較的利害得失、成敗禍福，而是「如佛氏之論染淨迷悟」〔註16〕，迷即是失、是凶，悟即是得、是吉；馬氏根據對〈繫辭〉的體會，更進一步提出「易簡」是吉、「險阻」是凶，他說：

> 「夫乾，天下之至健也，德行恆易以知險；夫坤，天下之至順也，
> 德行恆簡以知阻。」由此觀之，險阻者，易簡之反也。得之以易簡，
> 失之以險阻。易簡爲吉，險阻爲凶。不得乎易簡者，不能知險阻，
> 即不能定吉凶也。〔註17〕

險阻即坎陷之意，爲陽陷陰中之象，於《易》爲坎卦，易簡則代表能夠習坎出坎，而不入於險陷，故說險阻爲「易簡之反」。又〈繫辭〉曰：「易簡而天下之理得」，故知「得」指「得其理」、「失」指「失其理」，得其理則能定吉凶。何謂「定」？馬一浮說：「於理決然不疑曰定」〔註18〕，又說：「定者，有主之稱」〔註19〕，義理存主於心則不疑，動而不失常理、常道則能常吉；若動而失其理，則入於坎陷無以自拔，難以出險，此爲馬氏所說「易簡爲吉、險阻爲凶」之深意。而由此我們也可以理解，爲何荀子會說「善爲《易》者不占」〔註20〕，「善爲《易》者」即得其理而決然無疑者，故不占，達此境界，方爲占之究竟義。

三、學《易》之要在觀象

馬一浮認爲學者治《易》，首重觀象，他說：「學《易》之要，觀象而已，觀象之要，求之《十翼》而已。」〔註21〕可見其觀象重在「玩辭」，玩是體究意，非把玩意。馬氏主張《十翼》是孔子所作，若無《十翼》則《易》將只淪爲卜筮之書，故「《易》教實自有《十翼》而後大」〔註22〕，不得其理則不能知《易》教之大，是以觀象玩辭當本之《十翼》。又馬氏指出，觀象之目的在得聖人之意，若「只在卦象上著倒，不求聖人之意，卦象便成無用。」〔註23〕雖然馬一浮也和王弼（西元 226-249）一樣，認爲觀象的重點在「意」，但

〔註16〕〈觀象卮言·原吉凶、釋德業〉，《馬一浮集》冊1，頁434。
〔註17〕〈觀象卮言·原吉凶、釋德業〉，《馬一浮集》冊1，頁434。
〔註18〕《濠上雜著·初集》〈太極圖說贅言〉，《馬一浮集》冊1，頁718～719。
〔註19〕〈觀象卮言·原吉凶、釋德業〉，《馬一浮集》冊1，頁437。
〔註20〕（清）王先謙撰：《荀子集解》（北京：中華書局，1997年10月，1版4刷），頁507。
〔註21〕〈觀象卮言·序說〉，《馬一浮集》冊1，頁421。
〔註22〕〈觀象卮言·釋教大理大〉，《馬一浮集》冊1，頁464。
〔註23〕〈觀象卮言·釋教大理大〉，《馬一浮集》冊1，頁463。

他並不認同王弼的忘象、忘言之論，他說：

> 然則觀象者，亦在盡其意而已，何事於忘？……且忘象之象亦象也，
> 忘言之言亦言也，是以聖人曰「盡」而不曰「忘」。尋言以觀象，而
> 象可得也，尋象以觀意，而意可盡也。……與其求之後儒，何如直
> 探之《十翼》？〔註24〕

由此可見，馬一浮強調的是「得象盡意」，而不是如王弼所主張的「得象忘言」、「得意忘象」之說。

馬一浮同時又認爲觀象之「象」是指「人心之象」，他說：「實則觀象即是觀心，天地萬物之象即汝心之象也。道即汝道、物即汝物、動即汝動。若離汝心而別有卦爻，此卦爻者有何用處？」〔註25〕這說明了象不在心外，離心無別有卦爻之象、天地萬物之象；因此他又說：「初機聞說觀象，便執有外境，不知象只是自心之影，切忌錯會。」〔註26〕由此可知，馬一浮以爲學《易》最重要的是用心體會、探究，如此才能眞正知《易》、用《易》；而知之、用之者皆人也，故不能捨人以言《易》。又六十四卦中，馬一浮認爲「體乾坤則能知《易》」〔註27〕，故觀象必先求之於乾坤兩卦，以下則就馬氏所說乾坤及八卦之象，擇要論之，以明其觀象之旨及用《易》之法。

（一）乾坤之象

馬一浮指出，觀象必先求之乾坤，主要是因爲「於乾坤而得其易簡，斯可以成盛德大業，是知順性命之理，而人道乃可得而立也。」〔註28〕言人資於乾坤而得其健順之德即是易簡，得易簡之理，與天地合德，方眞能成盛德大業；因此，將天所賦予人之性，表現在人生行事上，則人之所以爲人之價值方能顯立，此即是「順性命之理」，亦是「窮理盡性以至於命」，而這也是〈說卦〉所云聖人作《易》之旨，同時也是我們學《易》之最終目的。是以馬一浮論《易》特別重視乾坤兩卦，其意在於得易簡之理，又如何得易簡之理？馬氏從他對乾、坤〈文言〉的體會，提出其看法，他說：

> 「易簡」之理於何求之？曰：「敬以直內，義以方外」，則可以入德而

〔註24〕〈觀象卮言・序說〉，《馬一浮集》冊1，頁422。
〔註25〕〈觀象卮言・原吉凶、釋德業〉，《馬一浮集》冊1，頁437。
〔註26〕〈觀象卮言・約旨、卦始、本象〉，《馬一浮集》冊1，頁429。
〔註27〕〈觀象卮言・原吉凶、釋德業〉，《馬一浮集》冊1，頁436。
〔註28〕〈觀象卮言・審言行〉，《馬一浮集》冊1，頁441。

幾於「易」矣；「庸言之信，庸行之謹」，則可以居業而得於「簡」矣。
或疑既言德本於乾知，業本於坤能，曷爲乾、坤〈文言〉乃互易之？
曰：昔賢以坤六二爲賢人之學，當知坤承天而合乾德，易乃所以爲簡，
氣順於理也；乾九二爲聖人之學，當知乾道變化流形則爲坤業，簡必
根於易，理見於氣也，此之謂天地合德。乾以統天，地在其中；坤以
應地，天在其中。乾坤一元也、易簡一理也、德業一心也。故言德必
該業，言業必舉德。是故「忠信所以進德」、「修辭立其誠所以居業」，
於乾之九三言之；「敬義立而德不孤」、「不疑其所行」，於坤之六二言
之。學者苟欲求學《易》之道，舍此末由也。〔註29〕

此段文字提到幾個重點：其一，欲得易簡之理，當從乾九二與坤六二〈文言〉
所說切實下功夫，即德業並重、內外兼修；其二，若以理氣言之，則乾爲理、
坤爲氣，理爲氣之主，故「氣順於理」，而理必須經由氣來表現，故「理見於氣」，
乾坤兩卦之關係爲，乾統坤，坤承乾，乾坤爲一元非二元；其三，德屬乾、業
屬坤，而〈文言〉中互易之，何也？馬氏就乾坤一元、德業一心來說明。

依筆者之理解，乾坤各爻爻辭皆可互參，蓋乾、坤兩卦爲互錯關係，故
其六爻爻辭皆有隱顯之別、剛柔之分，乃一體之兩面。〈乾・初九〉爲陽氣在
下、〈坤・初六〉爲陰氣始凝；〈乾・九二〉言德博而化，天下文明、〈坤・六
二〉則具直方大之光輝美德，而乾之九二亦必有此美德，故〈文言〉說「君
德」，言其有君德而無君位；〈乾・九三〉言君子終日乾乾，因時而惕、〈坤・
六三〉則或從王事，無成有終，意即君子若僅知乾乾而不知戒愼恐懼，則易
患「有成無終」之禍；〈乾・九四〉或躍在淵、〈坤・六四〉括囊无咎，「或」
者，不定之辭，乾之九四若躍，則動而不括，若潛而在淵則括囊无咎；〈乾・
九五〉飛龍在天，位乎天德、〈坤・六五〉美在其中，發於事業；〈乾・上九〉
亢龍有悔，盈不可久、〈坤・上六〉龍戰於野，其道已窮；又乾之用九「群龍
无首」，屬陰、坤之用六「利永貞」，屬陽。由此可知，乾坤各爻所云正是用
九與用六之別，爲一體之兩面，而非截然對立之兩物。

由以上的論述可知，乾九二與坤六二兩爻正是隱顯、剛柔的關係，乾九
二的「庸言之信，庸行之謹」乃見之於外者，故爲顯、爲剛；坤六二之「敬
以直內，義以方外」指內在修持功夫，故爲隱、爲柔。如此內外兼修，則易
簡之理可得，故馬一浮稱「庸言」、「庸行」爲「入聖之要門」，但若不用「敬

〔註29〕〈觀象卮言・審言行〉，《馬一浮集》冊1，頁441。

義夾持功夫」，則開口舉足便錯。〔註 30〕他又說：「聖人之道、易之道皆寄於言行」〔註 31〕，故君子於言行不可不審。

（二）八卦之象

在指出言行爲「入聖之要門」後，馬一浮進一步說：「六子並統於乾坤，而五事約攝於言行，故聖人重之。」〔註 32〕《尚書·洪範》所說的「五事」指「貌、言、視、聽、思」，其中「思貫五事而言行亦該餘三」〔註 33〕，意即「思」統攝「言行」，「行」又包含了「貌、視、聽」。而馬一浮將五事與八卦之象結合，他說：「思用乾坤、視聽用坎離、言用艮兌、行用震巽。」〔註 34〕人稟天地之氣而生，能順性命之理、窮理盡性至命者，必是通過思考、醒覺，故「思用乾坤」；離爲目爲視、坎爲耳爲聽，故「視聽用坎離」；艮爲止，兌爲口，於言則艮爲默、兌爲語，故「言用艮兌」；震爲雷爲動，巽爲風，其究爲躁卦，故「行用震巽」。又關於後天八卦，馬一浮的詮釋亦頗具特色，他說：

> 「帝出乎震，齊乎巽，相見乎離，致役乎坤，說言乎兌，戰乎乾，勞乎坎」，下又言「萬物出乎震」，何也？帝者心也；物者，法也。帝出則物出，猶言心生則法生也。上言心而下言物，心外無物，斷可識矣。……艮兌明著以言，其餘皆是行攝。又言行並是思攝，萬物並是帝攝，善會可知。〔註 35〕

「帝」一般解釋爲「主宰萬物者」，馬一浮以「心」解之，則萬物皆統攝於一心，並且再次強調「心外無物」之觀點。其中除了艮、兌兩卦明確指「言」外，「齊、相見、致役、戰、勞」皆統攝於「行」，馬氏並說「兌是有言之教，艮是無言之教」〔註 36〕，此是從前文「艮默兌語」引申而來。

另外，馬一浮還提出「寄位以明義」之觀點，認爲「凡言位者皆寄也，『帝出乎震』，言八卦方位亦寄也。」〔註 37〕例如乾卦爲純陽之卦，卻位於

〔註 30〕〈觀象卮言·審言行〉，《馬一浮集》冊 1，頁 445。
〔註 31〕〈觀象卮言·審言行〉，《馬一浮集》冊 1，頁 448。
〔註 32〕〈觀象卮言·審言行〉，《馬一浮集》冊 1，頁 442。
〔註 33〕〈觀象卮言·審言行〉，《馬一浮集》冊 1，頁 442。
〔註 34〕〈觀象卮言·審言行〉，《馬一浮集》冊 1，頁 443。
〔註 35〕〈觀象卮言·審言行〉，《馬一浮集》冊 1，頁 444。
〔註 36〕〈觀象卮言·審言行〉，《馬一浮集》冊 1，頁 448。
〔註 37〕〈觀象卮言·釋德大位大〉，《馬一浮集》冊 1，頁 472。

西北陰盛之地，此意味著以陽勝陰、撥亂反正，猶如釋迦牟尼佛之破魔、降伏外道，而自古聖賢多生於亂世，亦是乾卦寄位西北之理。〔註38〕由此可見，馬一浮雖非專以象論《易》者，然其取象、用象卻極活，蓋用《易》之道，存乎其人。

四、學《易》之旨在識得本心

（一）太極以象一心

　　馬一浮說：「太極以象一心，八卦以象萬物。」〔註39〕其論《易》強調「心外無物」，並認爲聖人作《易》就是要人識其本心，他說：

> 更無心外法能與心爲緣，是故一切法皆心也。是心能出一切法，是心遍攝一切法，是心即是一切法，聖賢千言萬語只明此義。説性命之理乃是顯此心之本體，説三才之道乃是顯此心之大用，所以作《易》垂教，只是要人識得此心耳。〔註40〕

馬氏認爲華嚴宗「法界緣起」與《易》理相應，「太極」即法界，「陰陽」即緣起，而宇宙萬有皆是由唯一眞心所顯現，同時又爲此眞心所統攝，所謂總該萬有，不出一心。〔註41〕因此太極所象之「一心」即「眞如心」，爲吾人內在本具之自性清淨心；又馬一浮指出「潔淨精微」即是在形容此眞心，他說：

> 《易》教「潔靜精微」，「潔」者無垢，「靜」者不動，「精」者不雜，「微」者離相，即是顯示眞心也。其失也賊，則迷眞起妄。元依一精明，分成六和合，六爲賊媒，自劫家寶，斯號妄心，乃爲賊矣。潔靜精微而不賊，則惟妙覺明、遠離諸妄之謂也。〔註42〕

眞心本是清淨無垢，爲恆常不變、不生不滅之絕對實體，然因不通曉眞如之所以爲眞如的緣故，內心產生了無明虛妄分別，名之爲妄心，若能厭離無明而去除它，則能使眞心顯現，此時方是「潔靜精微而不賊」。馬氏云：「妄心即當人心，眞心即當道心。然非有二心也，只是一心迷悟之別，因立此二名耳。」〔註43〕「妄心」是依「眞心」而產生，離「眞心」則「妄心」亦不復存在，「妄心」

〔註38〕〈觀象卮言・審言行〉，《馬一浮集》冊1，頁444、448。
〔註39〕〈觀象卮言・約旨、卦始、本象〉，《馬一浮集》冊1，頁427～428。
〔註40〕〈觀象卮言・釋器大道大〉，《馬一浮集》冊1，頁488。
〔註41〕〈太極圖說贅言〉，《馬一浮集》冊1，頁713。
〔註42〕《蠲戲齋雜著》〈希言〉，《馬一浮集》冊1，頁836。
〔註43〕〈觀象卮言・原吉凶、釋德業〉，《馬一浮集》冊1，頁437。

之外亦無另一「眞心」可尋，妄心、眞心實是一心，迷則爲妄，悟則爲眞。

馬一浮同時也指出「潔淨精微」爲治《易》者所該有的正確心態，他說：

> 學《易》非絜靜精微亦不能究其義。直饒於經義能通曉無滯，而於
> 日用中全不與道相應，即非其人。徒逞知解，增長我慢，即名爲
> 「賊」，不唯不足以弘道，而反以害道，則何益矣？更安望其能體
> 《易》、用《易》哉？〔註44〕

此處道出了學《易》者容易犯的毛病，若賊而不正者學《易》，則全然與易道
不相應，徒造作更多惡業而已，不僅損人且不利己，故潔靜精微而不賊者，
方能深於《易》。因此聖人作《易》，要在使人識心見性，與其同得同證，故
馬氏說：「學者未至於見性，終是個未濟卦。」〔註45〕

（二）乾坤與《起信論》二門

由前文論述可知，馬一浮基本上是肯定義理吾心本具，但他並不主張
「心即理」的說法，他在解釋心、性、情之關係時是以《大乘起信論》「一
心開二門」之理論架構來詮釋，其弟子有記載：

> 問心與性。先生曰：心兼理氣而言，性則純是理。發者曰心，已發
> 者曰氣，所以發者曰性。性在氣中，指已發言；氣在性中，指未發
> 言。心兼已發未發而言也。《起信論》一心開二門，一眞如門，二
> 生滅門，與此義相通。〔註46〕

若以「一心開二門」之架構來說，「性理」爲「心眞如門」，「情氣」爲「心
生滅門」；「心眞如門」爲一心之「體」，「心生滅門」爲一心之「相」，而一
心則同時包含了「心眞如」和「心生滅」兩種屬性，爲體相無礙、染淨同依。
又若以乾、坤兩卦來說，則乾卦爲「心眞如門」，坤卦爲「心生滅門」，馬氏
云：

> 天地者，法象之本，乾知大始，即表心眞如，所謂一大總相法門體
> 也。坤作成物，即表心生滅，出生一切法，能攝一切法也。（乾元即
> 眞如門眞如，坤元即生滅門覺義。）〔註47〕

〔註44〕〈觀象卮言·釋人大業大時大義大〉，《馬一浮集》冊1，頁481。

〔註45〕《馬一浮先生語錄類編·六藝篇》，《馬一浮集》冊3，頁944。

〔註46〕《問學私記》，《馬一浮集》冊3，頁1143。

〔註47〕《蠲戲齋文選》〈與蔣再唐論儒佛義〉，劉夢溪主編：《中國現代學術經典·馬一浮卷》（河北：河北教育出版社，1996年8月），頁670～671。

「總相」乃相對於生滅之「別相」而說，而此總相盡攝一切別相，故稱「大」，故眞如（乾元）爲一切萬法之本體。而坤元爲生滅門之覺義，也就是一念覺則由「生滅」入「眞如」而成「還滅」，不覺即是無明。

而筆者以爲，馬一浮之所以要藉「一心開二門」之架構來說明「心統性情」，主要是因爲他重視的是修學功夫，而《起信論》建立「一心開二門」架構之目的即是勸信起行，勸眾生信眞如而努力實踐修證，使其由生滅流轉回歸還滅解脫。若無此一番修證功夫而直云「心即理」，則易有「執性廢修」之病。馬氏曾說：「宋人性即理之說最爲諦當，若陽明心即理，未免說得太易了。」〔註48〕又說：「明儒謂心即理，須是全氣是理時方能如此說。學者須善會。」〔註49〕「全氣是理」即氣以理爲主，爲坤承乾，此中自有功夫在，非輕易可至。

又馬一浮雖強調「心」的功能作用，但其重點是在修德，他說：

> 應知天地者，吾心之天地也；萬物者，吾心之萬物也；幽明者，吾心之幽明也；生死者，吾心之生死也；鬼神者，吾心之鬼神也；晝夜者，吾心之晝夜也；神是吾心之神；《易》是吾心之易：此之謂「性命之理」。與此理相應爲順，不相應則違。〔註50〕

由此可知，馬一浮講「心」是要人能夠自作主宰，如何方能作主宰？氣要順理方能作主，方能與天地合德，是以馬氏強調：

> 只是一切處、一切時皆能順理以爲氣之主，自己作得主在，便不爲氣之所拘，不爲物之所轉，到此方有自由分，方覷得「易簡」。切忌錯會，以有我之私爲能作主，如是則是認賊爲子也。〔註51〕

人之德即天地之德，人之心即天地之心，至此境界方可稱「易簡之善配至德」！

五、結　語

總上所述，我們可以發現，馬一浮的《易》學觀有其獨特之處。首先，是他對於卜筮的看法，既不同於朱子所說的卜問於鬼神，亦非陽明從廣義角度說的請教於師友，而是認爲卜筮之靈驗與否乃取決於人之精神，而非取決於蓍龜，並指出今日治《易》當以義理爲主，卜筮之法可存而不論；在吉凶

〔註48〕《問學私記》，《馬一浮集》冊3，頁1166。
〔註49〕《問學私記》，《馬一浮集》冊3，頁1149。
〔註50〕〈觀象卮言·釋教大理大〉，《馬一浮集》冊1，頁466。
〔註51〕〈觀象卮言·辨小大〉，《馬一浮集》冊1，頁457。

禍福上，馬氏提出「易簡爲吉、險阻爲凶」的看法，他曾說「世上只有兩等人，佛氏謂之迷、悟，在儒書則爲仁與不仁。」〔註52〕依其觀點，悟、仁爲吉；迷、不仁爲凶。

其次在觀象上，他指出「象是自心之影」、「觀象即是觀心」，並認爲觀象之要，當「求之《十翼》」，例如，馬氏於乾九二、坤六二〈文言〉體會易之道寄於言行、又以五事配八卦，提出「寄位以明義」的觀點。另外，艮卦一般來說並無「言」象，馬一浮則取其「默」象，並說艮卦爲「無言之教」。

最後，馬一浮強調，聖人作《易》是要人「識得此心」，而「性命之理」即是此心之本體，「三才之道」乃此心之大用，他曾說：「儒者不明『性命之理』，決不能通六藝。」〔註43〕明「性命之理」則心能自作主宰。又馬一浮雖以華嚴「一心緣起」說明太極與六十四卦之關係，但他在論復性功夫時則多採《起信論》「一心開二門」之架構，包括他對「易簡」的新詮釋，除了來自於對經文之體會外，筆者認爲與「一心開二門」亦有些關聯。因此，馬一浮論《易》，其儒佛會通之特色相當明顯，而這也是值得我們再繼續深入探討、研究的方向之一。

參考資料

一、專　書

1. （宋）黎靖德編：《朱子語類》（北京：中華書局，1996 年 6 月，1 版 4 刷）。
2. （明）王守仁：《王陽明全集》（上海：上海古籍出版社，1997 年 8 月，1 版 3 刷）。
3. （清）王先謙：《荀子集解》（北京：中華書局，1997 年 10 月，1 版 4 刷）。
4. 馬一浮：《馬一浮集（第一冊）》（杭州：浙江古籍出版社、浙江教育出版社，1996 年 10 月）。
5. 馬一浮：《馬一浮集（第三冊）》（杭州：浙江古籍出版社、浙江教育出版社，1996 年 12 月）。
6. 林安梧：《當代新儒家哲學史論》（台北：明文書局，1996 年 1 月）。
7. 劉夢溪主編：《中國現代學術經典・馬一浮卷》（河北：河北教育出版社，1996 年 8 月）。

〔註52〕《問學私記》，《馬一浮集》冊 3，頁 1153。
〔註43〕〈觀象厄言・釋教大理大〉，《馬一浮集》冊 1，頁 465。

8. 馬鏡泉、趙士華：《馬一浮評傳》（南昌：百花洲文藝出版社，1996 年 12 月，1 版 2 刷）。

9. 姜林祥：《中國儒學史（近代卷）》（廣州：廣東教育出版社，1998 年 6 月）。

10. 滕復：《馬一浮思想研究》（北京：中華書局，2001 年 10 月）。

二、期　刊

1. 陸寶千：〈馬浮之易學——儒學新體系之基礎〉，《中央研究院近代史研究所集刊》第 24 期上冊，1995 年 6 月。

2. 束際成：〈馬一浮的儒學觀〉，《學術月刊》，1995 年第 12 期。

3. 胡楚生：〈「經學即心學」——試析王陽明與馬一浮對《六經》之觀點〉，《中國文化月刊》第 265 期，2002 年 4 月。

4. 耿成鵬：〈馬一浮易論〉，收入劉大鈞主編：《大易集奧》（上海：上海古籍出版社，2004 年 12 月）。

5. 郭齊勇：〈現代新儒家的易學思想論綱〉，《周易研究》，2004 年第 4 期。

6. 高迎剛、馬龍潛：〈論馬一浮「六藝之學」視野中的易學研究〉，《周易研究》，2005 年第 2 期。

7. 鄧新文：〈馬一浮之學及其定位問題〉，《學術界》第 119 期，2006 年 4 月。

（此文曾發表於《興大中文學報》第 22 期（2007 年 12 月），頁 231～243。）